目　录

总序：

从直觉到理论

——我走向承认学说之路

　　人们通常会这样说，任何理论都根植于一种前科学经验，后来被表述为诸多普遍化陈述之复合体的东西，早已萌芽于其中了。即使这个论断或许不无夸张，但在理论往往反映了远在系统化知识阶段之前就获得的洞见这一点上，它大概还是正确的；追踪成长过程中这样的深刻印象并给予其可普遍化的形式，往往正是这种愿望，开辟了从最初的直觉到理论形成的道路。对自己的理论信念的这种自传式起源进行说明，是自身启蒙的永恒且绝无休止的任务的组成部分：关于我们如何成长为今天的自己，我们越是捉摸不透，就越不能放弃至少弄清楚这个混乱发展过程中那些碎片的努力。人们或许应该把我接下来将要进行的内容设想为这样一种自身启蒙努力的组成部分：我想向自己澄清，我是如何从一些最初的、还是完全散乱的经验，走到了我的承认理论今天这种形式的。

一

　　我青年时代所经历的，与我的同时代人中那些像我这样出身于殷实的中产阶级家庭，从而相对无忧无虑地长大的人似乎没有多么不同；我们出生在二战结束几年之后，成长于一个即将经历巨大经济繁荣的国家；这种繁荣轻易地就排挤掉了人们对纳粹罪行的回忆，并让他们仅仅向前看，只将目光投向一个更美好的未来。在 20 世纪 60 年代早期，当我从小学升入文理中学的时候，经济繁荣也逐渐让联邦共和国的更低阶层受益，他们现在领取更高的薪水，并希望能够让自己的后辈获得社会地位上的提升。结果是，越来越多的来自传统的劳动者阶层的孩子被父母送到"更高级的"学校，这些学校从而由于其守旧的、取向于资产阶级价值的教育使命而很快就不堪重负；不仅文理中学没有充足的学习名额来应对涌入的学生，"有教养的资产阶级的"教学计划也不适合于为这些对技术性职业更感兴趣的年轻人助一臂之力。于是在一些政治家和知识分子的压力下，一开始还犹豫不决的教育改革，从 1965 年后便在一片批评声中由官方坚决地进行，这项教育改革对我在文理中学的学习生涯的影响，在本质上要大于那个时代许多其他的事件和动荡；回顾此生，我认识到这些经验是我对社会承认产生兴趣的源泉之一，所以它值得更详细地阐述一下。

　　对于一个出生于医生家庭，在 50 年代家境相对富有并在联邦德国被抚养长大的年轻人来说，教育改革的第一步就已经意味着对他那种战后中产阶级此时仍然孤芳自赏的生活的一种炸裂。在此之后，他们直到在文理中学的头几年还只是与家境类似的人一起度过，也就是跟药剂师、律师、经济顾问或者医生的孩子们一起玩耍，一起成长，而现在这些十二三岁的年轻人第一次碰到属于一个不同的、首先是在习惯和生活风格上陌生的阶级的青少年。这个巧合或者是我的性格让我尤其愿意跟来自这个阶层的同学们友好相处；作为采矿工的孩子，他们大多生活在被隔离的城区，因为矿工居住在离传送设备尽可能近的地方，这在采煤业是很常见的。我们作为朋友，时不时地会去拜访对方的家庭，或者是为了一起完成家庭作业，或者是为了我们的一些共同的兴趣爱好——大多数情况下是踢足球，它让我们的兴趣突破了阶级的界限。在我骑着自行车去他家的路上，某种程度上说就算是一种社会探险了，沿着这条路，我从南部满是粉刷一新的独户住宅的富裕城区，骑行到北部那些满是烟炱、黑乎乎的住户区，那里居住密度要高很多，并且从外面就已经可以看出这些家庭的穷困。但是比起这段路程，我能够更加准确地回忆起的是每次走进朋友的住所时迎面袭来的那种感受：每当我看到这里居住条件的窘迫和屋内布置的简陋时，羞愧、不安和同情的一种难以分清的混合情绪就不由自主地占据了我内心。每当这样的时刻，我就会惶恐地以为，我在朋友的表情和手势中看出了类似的心潮起伏，只不过是在相反的方向：我感到羞愧和同情，是因为我父母的房子装修得要豪华很多，从而就能够提供给我更多的个人发展空间，这样朋友就会感觉到羞愧和不安，因为我必定已经将他生活环境的贫穷和童年的社会窘境清楚地看在眼里了。在接下来的时间里，这种奇怪的扭曲关系在我们之间的情绪反应中从未被主题化，对此我们始终坚持沉默，但是很快就不再到对方家中拜访；此后我们在足球场、去划船的地方或者其他休闲娱乐场所碰面，也就是在中性的地点，以不费言辞地避开各自阶级地位带来的羞愧的压力。

对这些社会的情感波动的觉察，仿佛已结成了一条细线，将我引向日后的理论好奇心的心点（Fluchtpunkt），我此时开始对地位差别和社会不平等处境的情绪后果这个主题进行更为广泛的探究。那时我是个坏学生，但在课外却是一个热情的读者，这一度首先意味着，翻遍那个时代的文献，看看哪里有关于社会弱势或社会优势的经验可读，我屏住呼吸狼吞虎咽地浏览了当时的很多东西，那些作者都对碰到与他们的社会出身和阶级状况存在极大差异的人时的那种感受做了细致入微的描写。但是我永远不会忘记，我是带着何种恐惧的绝望彻夜阅读阿瑟·米勒（Arthur Miller）的戏剧《推销员之死》(*Tod eines Handlungsreisenden*) 的，20世纪60年代这部戏剧在联邦德国的很多戏台上非常成功地演出过；维利·罗曼（Willy Loman）出于羞愧而要努力对他的家人隐瞒其职业上的失败，所以他就逃避到一种幻想的社会成功的世界里，他的命运在任何理论知识之前很早就被我预感到了，即他不得不生活在失去社会尊重的恐惧之中。[1]

---

[1] Arthur Miller，*Tod eines Handlungsreisenden. Gewisse Privatgespräche in zwei Akten und ein Requiem*，Frankfurt/M. 1987.

二

当时对美国戏剧的热情甚至让我在中学毕业之后马上做出将来去学习戏剧学的决定；那时，我认为舞台是形象地说明和探讨我在中学时代已经深入思考过的社会主题的最适宜的媒介。然而一旦认识到，学习戏剧学要求自己必须演戏的时候，我便因对任何公开登台表演的胆怯而放弃了这个计划，取而代之的是，决定尽可能多地学习我可能获得关于社会尊重对一个人生存意义的解答的学科。我开始学习哲学、社会学、日耳曼语文学和心理学，四个学科的组合在当时联邦德国的大学还是被允许的。若非我在文理中学时就具有的工作热情和纪律性，否则现在很快就迷失方向了；我现在阅读和研究的是在最宽泛意义上与这个问题——人们的自身理解和认同是如何被社会地位所影响的——相关联的所有东西。然而，我不得不很快就认识到，心理学和日耳曼语文学对这些题材范围只是做出了非常边缘性的贡献：在20世纪70年代初，心理学仍然受到伟大的发展心理学家皮亚杰（Piaget）的强烈影响，他曾吸引着我并且我至今还在研究他，但是心理学却几乎没有对自身价值和自尊心的感受的社会塑造做过专门的探索；日耳曼语文学则相反，处于一种理论爆发和重新定向（Neuorientierung）的状态之中，因为对文学文本的形式和内容的历史印迹的唯物主义追问一下子凸显出来，但是新的、大有希望的进路还没有足够发展起来，以实际地说服我这个青年学生——取而代之的是，我紧紧扣住原始文本，并开始研究青年卢卡奇和阿多诺的美学著作。从而，我在波鸿大学——一所年轻的、几年前刚刚建立的高校——学习的中心点就只是哲学和社会学；我聚精会神地学习它们，日耳曼语文学只是顺带着学，而心理学的学习在此期间则被完全放弃了。但是我当时几乎不可能在我最为感兴趣的这两门学科之间建立一种富有成果的结合：在社会学领域，我首要地研究阶级结构、特殊阶层的社会化（schichtspezifischen Sozialisation）和冲突分析等方面的问题，在哲学领域占优先地位的是批判理论、德国唯心主义以及阿诺德·盖伦（Arnold Gehlen）和赫尔穆特·普莱斯纳（Helmuth Plessner）的哲学人类学，他们吸引我并常常让我入迷。这种不能将感兴趣的两个领域交叉起来的状态，持续了两三年，直到我在柏林自由大学社会学系获得一个学术助理的职位后才结束，这个职位被委托的任务是在一个可预见的时间段之内写作一篇博士论文。我与当时的朋友汉斯·约阿斯（Hans Joas）合作的一本小册子，属于我为了开展这个计划而进行的准备工作；在其中我们尝试以某种方式清理哲学人类学传统，这种方式将让人们知道，人类所有的特定能力都是植根于其生活形式的主体间结构之中的。[1] 在这条道路上，我逐渐成功地实现（也走了许多弯路）将我青年时代就开始研究的主题进行重新表述，即开始描画哲学与社会学之间清晰的结合点——我的智识发展的这一篇章，对我的承认理论版本的发生来说太重要了，它理应得到详细一些的陈述。

---

[1] Axel Honneth, Hans Joas, *Soziales Handeln und menschliche Natur. Anthropologische Grundlagen der Sozialwissenschaften*, Frankfurt/M. 1980.

三

在 70 年代的进程中，当我坚定地追随哈贝马斯而注意到批判理论传统中某些依我之见应该被消除的欠缺的时候，我的哲学兴趣就有些变浓了；我认为由阿多诺和霍克海默提出的理论的一个核心缺陷是，他们过于强烈地被如下观念所主导，即所有主体无论其群体归属如何（Gruppenzugehörigkeit）都毫无反抗地被编入资本主义的社会体系之中。在努力适当地理解社会诸群体的反抗追求的过程中，我当时在社会学中的一些具体化的兴趣又反过来有所助益；因为在我的社会学学习框架内，我碰到了一系列的理论方法，它们想表明社会底层支配着其本身的解释策略，以此来应对其受到的社会蔑视和承认缺乏——这个时候皮埃尔·布尔迪厄（Pierre Bourdieu）、理查德·森内特（Richard Sennett）和由斯图亚特·霍尔（Stuart Hall）建立的当代文化研究中心（CCCS）诸成员的研究对我产生了决定性的影响。[1] 从哲学兴趣和社会学兴趣的这种混合出发，我作出了一个计划，即在我的博士论文中通过给被压迫群体的颠覆性反抗潜力，并借此对所有社会整合的冲突性

---

[1] Pierre Bourdieu, *Die feinen Unterschiede. Kritik der gesellschaftlichen Urteilskraft*, übersetzt von Bernd Schwibs und Achim Russer, Frankfurt/M. 1982; Richard Sennett, Jonathan Cobb, *The Hidden Injuries of Class*, New York 1972; Stuart Hall, *Selected Writings on Marxism*, Durham/London 2021. 关于布尔迪厄，可参阅我后来发表的文章：Axel Honneth, "Die zerrissene Welt der symbolischen Formen. Zum kultursoziologischen Werk Pierre Bourdieus", in: ders., *Die zerrissene Welt des Sozialen. Sozialphilosophische Aufsätze*, Frankfurt/M. 1990, erweiterte Neuausgabe: Frankfurt/M. 1999, S. 177—202。

（Konflikthaftigkeit）予以更大关注，从而弥补早期批判理论的欠缺。但是接下来在我起草计划的过程中，一种完全不同的理论突然之间将我吸引住了；那是在我当时主持法国后结构主义研讨班的过程中，我一下子明白了，福柯的权力分析与早期法兰克福学派之间显示出了某些引人注目的共同点，继续研究它们必定会非常富有成果。所以我再次放弃了我博士论文的最初计划，以用一个我确信是更好和更加富于成果的计划来替换之：现在我想借助福柯的权力分析来证明阿多诺和霍克海默的批判理论的欠缺，也就是表明后者恰恰缺乏一种社会冲突性和持续争辩性（Umkämpftheit）的观念，而这却处于前者理论的中心；接下来的第二步，在一种反向运动的过程中，通过关于福柯的诸多分析，如下这点被展示出来，即它们没有对关于这种冲突和争端在一个社会中到底是由什么推动的这个问题做出适当解释，因为这样就需要提及社会底层的规范性期待——正如前面提到的布尔迪厄、森内特和当代文化研究中心非常丰富地将其主题化的那样。

从这个修订后的计划出发，我在 70 年代后期写就了我的博士论文，这篇论文本来是以对一种新的、还未获得的"社会斗争"概念的展望来结尾的；我已经清楚，社会只能被适当地理解为诸多竭力争取尊重和地位的群体之间那种受限于时间的妥协"凝结"为制度的结果，而我还不清楚的则是，这种冲突或斗争在概念上如何能够被适当地"拼写"出来。在我快要结束博士论文写作的时候，偶然发生了一件非常幸运的事情，我异常惊喜地接到于尔根·哈贝马斯的电话，他询问我将来是否愿意到法兰克福大学任他的学术助理；由于我的博士论文还没有完全结稿，所以我不得不拒绝，而他则改为给我提供为期一年的研究奖学金以替代之，随后，我在移居法兰克福之前接受了这笔奖学金。哈贝马斯提供的这个奖学金给了我一个机会，将此后不久即将结稿的博士论文补充进关于哈贝马斯社会理论的很长的一章，从而将其完善为一本专著。1985 年，也就是在我产生关于这篇论文的第一个想法的整整十年之后，我的博士论文的扩展版在苏尔坎普出版社（Suhrkamp）出版，名为《权力的批判：批判社会理论反思的几个阶段》[1]；这次出版在很多方面都可以被视为我后来的承认理论的预备阶段。

在我的这本著作中，我试图分三步表明，（1）阿多诺和霍克海默的早期批判理论没有充分考虑到社会冲突（包括在晚期资本主义社会中）的持续存在；（2）而福柯则相反，他不无道理地将这样的冲突视为任何社会秩序"永久的"基础，但是他未能真正地提出其规范性的动力源；（3）最后，哈贝马斯尽管正确地分析了所有社会整合的规范性约束，即他探究了日常行为中对尊重的交往性期待的交互性，但是却忽视了这个领域中相应规范的持续不断的争议性。在研究的结尾处，我指出了有必要从冲突的道德根源去对相互交往（Umgang）的规范进行更详细的研究。因此，社会冲突在核心处总是展现为一种为了社会承认的斗争这个观念虽然还未诞生，但是拐入以上勾勒出

[1] Axel Honneth, *Kritik der Macht. Reflexionsstufen einer kritischen Gesellschaftstheorie*, Frankfurt/M. 1985.

的这个方向已经是摆明的了。我的智识发展的下一步将是，从我此时为止的思考出发，借助于对青年黑格尔的回溯，推导出相应的结论。

四

这时已到了1984年，我在这一年中从柏林搬到了法兰克福，在这里我开始担任当时哲学系新聘的哈贝马斯的教席学术助理。这时我的兴趣自然而然地开始非常强烈地指向哲学的论题，但我却不想让社会学完全淡出视野之外。因为我已出版的博士论文依然有悬而未决之处，就是并未实际地澄清以道德方式推动的持续社会冲突概念，我并不想直接地攻克，而是迂回地接近它。为了这个目的，我的教学活动和课外阅读首要地关注法国哲学和社会理论的传统，我推测其中存在一种对社会冲突性的意义的强大感知能力；所以在我的研讨班大纲中就出现了卢梭、列维-斯特劳斯（Claude Levi-Strauss）、科内琉斯·卡斯托利亚斯（Cornelius Castoriadis）、福柯和布尔迪厄等人的理论，这些理论总是以这样或那样的方式让对社会群体之间斗争的原因的追问成为主题。我的智识发展的这一阶段的成果是几年之后汇编进文集《分裂的社会世界：社会哲学文集》（*Die zerrissene Welt des Sozialen. Sozialphilosophische Aufsätze*）的诸多论文，在这本文集中，我同时还想将法兰西思想与批判理论进行比较。[1]但是这个研究并未实际地让我接近如下问题的答案，即社会群体的声誉和社会地位如何能够与一种社会内在冲突相关联。在我智识发展的这个节点上，我才想起我早年在波鸿鲁尔大学的研讨班，这些研讨班中讲授的往往是黑格尔的核心文献，因为那里的许多教授和同事都在坐落于彼处的黑格尔档案馆工作。我依稀记得，在这个背景下我多次听到黑格尔关于承认对个体意识之影响的洞见，但是当时并没有将其与我早年的如下经验建立联系：社会差异在自身价值感中的影响是产生羞愧。初次阅读黑格尔的情景我已几乎回忆不起来了，而在法兰克福的研究所，我确实已经开始在我的研讨班里翻新他的承认理论了。除了《精神现象学》——在我看来，它对承认在"主人与奴隶"一章中的角色论述仍然是不清楚的——之外，我在这些教学活动中首要地致力于黑格尔耶拿时期的早期著作；给我的印象是，黑格尔在这里对其走向承认概念（Anerkennungsbegrifflichkeit）的原初动机的呈现要清晰得多，从而也比在其后期著作中更容易把握。

在 80 年代后半期，我对黑格尔的研究越是深入，就越是强烈地萌生这样一个计划，即我的教师资格论文将致力于尝试借助黑格尔的承认理论来解决适当的社会冲突概念这个被搁置起来的问题；具体而言就是想要表明，正是自卑的贬低和顺从的经验，时常推动着个人和群体去反抗占统治地位的社会关系。但是很快我就不得不发觉，捍卫这样一个强有力的论题所

---

[1] Axel Honneth, *Die zerrissene Welt des Sozialen. Sozialphilosophische Aufsätze*, a. a. O.

需要的，远不只是对黑格尔的一些早期著作的相应阐释；他那关于"为承认而斗争"在社会性构成中的角色的简明的、意识理论的论述，如果要被引来作为批判的社会理论的基础的话，在某种程度上还需要一种现实化的"翻新"（Auffrischung）。从这些思考出发就逐渐产生了我的教师资格论文计划，我希望在我担任法兰克福大学为期六年的高校助理工作结束之前完成它：当时关于黑格尔的承认学说正好已经出版了一系列富有价值的研究论著，[1]这个学说应该借助于一些源于心理学和社会学的理论得到补充，并作为一个解释框架被呈现出来，这个解释框架将使得如下这点成为可能：把社会发展解释为社会群体之间为了它们的身份诉求而斗争的结果。为了让这个强有力的论题有说服力，我首先感兴趣的是，通过松散地借鉴黑格尔的初始著作（Ausgangsschriften）区分出的对"身份"承认的要求的不同"层级"：无论是在亲密关系中争取自身需求的情感顾及，还是在社会环境中争取对个人人格独立的尊重，抑或是在道德上志同道合的共同体中争取对自身成就的赞许，依我看来都是相互区别的——由此便得出了我尝试对相互承认的各个形式之间做区分的三分法。关于承认对个人身份的获得和维持的意义，我当时认为正在被广泛讨论的米德（George Herbert Mead）社会心理学能够提供一种补充性的支持；毕竟米德与

---

[1] Vgl. Ludwig Siep, *Anerkennung als Prinzip der praktischen Philosophie. Untersuchungen zu Hegels Jenaer Philosophie des Geistes*, Freiburg/München 1979；Andreas Wildt, *Autonomie und Anerkennung. Hegels Moralitätskritik im Lichte seiner Fichte-Rezeption*, Stuttgart 1982.

黑格尔类似，他将一种稳定的自身意识的发展设想为一种本我（eigene Ich）通过将他人承认的视角内在化而形成的一个逐级发展的组织过程——开始要具体一些，接着就越来越抽象。[1] 另外我想借助精神分析学家唐纳德·温尼克特（Donald Winnicott）的客体关系理论，突出我首次提出的不同承认形式对儿童自身价值感的发展的根本性意义；最后我计划通过借用萨特和弗兰茨·法农（Frantz Fanon），来说明应该构成社会承认之获取的一个稳定要素的斗争概念。

　　正如时常发生的那样，我在制定所有这些浮夸的计划时并没有充分顾及自己紧张的时间期限，即便现在也是如此。为了让被构思为教师资格论文的那部著作在我还在任哲学系学术助理期间就能够提交，我必须首先取消许多曾构想的附加要素，从而只能呈送一个在追求承认和为承认而斗争的视角下的黑格尔早期著作阐释。1989 年秋天，也就是在民主德国和联邦德国之间的柏林墙在民主德国的抵抗运动的压力下倒掉前不久，我以这部著作在法兰克福歌德大学获得了教师资格。又是一次纯粹的幸运，我正在完成教师资格论文时就收到了柏林科学学院的邀请，作为学院成员在那里度过了 1989—1990 这个学年。柏林墙的倒塌使得当时科学学院聚集起来的科学家圈子处于骚乱和兴奋（Begeisterung）之中，尽管如此，我还是成功地利用这段时间修改和扩展了我的教师资格论文；从而这篇论文能够在经过进一步润色和修辞上的改进之后，最终于 1992 年在

[1] George H. Mead, *Geist, Identität und Gesellschaft*, Frankfurt/M. 1973.

苏尔坎普出版社作为专著出版。[1]

　　此书关乎我为批判理论重新奠基的希望，不仅在规范性方面，而且也在解释性方面。关于它的解释性内涵，为承认而"斗争"的方法将有利于弄清楚，被压迫群体总是一再地与统治性社会秩序发生冲突的动机和根据；也就是说，只要这样一种社会秩序还在按照不平等的尺度考虑不同群体的利益和身份，只要这个不平等的尺度还反映在负担和特权的制度化分配之中，那么弱势群体迟早会努力反抗这一统治性的承认秩序，以使他们被压制的利益获得其应得的承认。为了理解我当时为什么赋予我这本书的解释性目标以特别价值，必须简短地回顾一下70年代和80年代冲突理论的趋势：那是一种将任何社会冲突都回溯到纯粹工具性兴趣（无论是经济上的收益还是政治上的权力）的强烈偏好，进而就遗忘了反抗的真正的道德驱动力。为了抵制这种倾向，我接着想强调一些新近的历史研究，[2]表明这种类型的冲突更频繁地是通过被拒绝承认和蔑视的经验刺激起来的，也就是说最终是通过具有道德根源的动机刺激起来的。

　　我想将我的构想的规范性目标设定与这个解释形态以如下方式结合起来，即在争取承认的斗争中总是能发现对规范性诉求的表达，这些诉求必须是在未来占统治地位的社会秩序的规则中才生效的。我当然明白，这个策略要求在获得辩护的和

[1] Axel Honneth, *Kampf um Anerkennung. Zur moralischen Grammatik sozialer Konflikte*, Frankfurt/M. 1992, erweiterte Neuausgabe：Frankfurt/M. 2003.

[2] 例如参见：Barrington Moore, *Ungerechtigkeit. Die sozialen Ursachen von Unterordnung und Widerstand*, Frankfurt/M. 1982。

不可辩护的社会承认诉求之间做一个能够普遍化的区分——因为我只能将对承认的如下这种需求理解为以道德方式得到论证了的，即它事实上要指向统治性社会秩序的一种现存的非正义（Ungerechtigkeit），从而就拥有某种规范的有效性。当时我想，能够通过对一种社会生活形式在伦理上做先行把握（Vorgriff）来解决这个困难，在这种生活形式中所有主体都得到了完全的承认；从这种预期的最终状态（我曾想将其把握为一种"伦理的形式概念"[1]）出发，那么就可以回溯性地洞见到——至少我是这样希望的——哪些承认诉求可以被理解为走向那些能够被视为得到辩护的诉求的道路上的步骤。就像我关于《为承认而斗争》的研究中的诸多其他论题一样，我很快也放弃了这个规范性策略。从而现在就行进至我将要过渡到的如下节点，即对我在紧接着的几年中就拙著中提出的理论进行的修订做一个概观。

在这个原初的构想中我至今仍没有放弃的东西，是对相互承认的三种不同形式之间的区分，正如其在亲密关系、社会权利关系和价值共同体的成功形式中所呈现的那样：在第一类关系中，参与者作为拥有独特的需要本性的个体而相互承认，在第二类关系中，参与者作为有责任能力从而享有个人自主的人格而相互承认，而在第三类关系中，参与者最终是作为对共同体富有价值的能力之主体而相互承认——第一种承认形式我称之为"爱"或者"关怀"（Fürsorge），第二种为"尊

---

[1] Axel Honneth, *Kampf um Anerkennung*, a. a. O., Kap. 9.

重"（Respekt），第三种为"赞许"（Wertschätzung）。我事实上至今也没有对这个术语表做任何实际的改变，只不过我在将近二十年之后对后两种承认形式还是做了进一步区分——就此我还会谈及。不过，我在《为承认而斗争》出版后不久就已经在许多富有成果的讨论中清醒地意识到，我或许不能将我的三分法如我曾经顺势而为的那样普遍化。尽管我在重建现代权利发展为独立的承认形式的历史时刻的过程中已经明白，承认的不同类型并没有取代任何历史；但是我恰恰并未由此推出邻近的结论，将承认形式的发展和分化理解为一个彻彻底底的历史发生过程。但是借助于这个历史化，我接下来必须扬弃如下观念，即借助于某种理想化而预期一种人们之间完全承认的最终状态；如果它处于历史长河中（远不是我曾想的那样）的话，人们也就无从知晓，为承认而斗争的历史过程将会在什么地方终结。就此而言，我接下来迅速意识到我另外也必须寻求获取在得到辩护和不能够得到辩护的承认要求之间作区分的规范性基础，正如我之前所做的那样。所有这些细小的，但是接下来总数却相对巨大的修正，是我在1990年底开始的与美国哲学家南希·弗雷泽（Nancy Fraser）之间进行的争辩的准备阶段做出的。在我智识发展中开启的这一新篇章，我必须单独陈述。

五

我在柏林科学学院为期一年的研究工作（我利用这段时

间修订了我的著作）刚刚结束，就很幸运地收到康斯坦茨大学哲学系的一个教席的聘任。这样我就开始了一段对深化我的哲学知识和取向贡献良多的时光，因为那里的同事们支持着繁多的、我至今都不甚了解的理论传统。我计划暂时不出新的专著，而是撰写论文，以更加确切地界定我与老一代和新一代的批判理论之间的关系；整体上说，我的智识发展的这个阶段更多的是处理新的冲动和扩展理论视野，而不是追求迅速地发表。在康斯坦茨任职仅仅三个学期后，我于 1992 年更换到柏林自由大学，在奥托·苏尔研究所（Otto-Suhr-Institut）就任政治哲学教席。那时我首先是为《墨丘利》(*Merkur*) 杂志撰写关于社会学和哲学论题的短评；其中的一部分我在若干年之后集成一本小书《瓦解》(*Desintegration*) 在费舍尔出版社（Fischer-Verlag）出版。[1] 在教学活动中我与一群优秀的学生一起研究政治哲学传统，同时也探究我本人的立场与批判理论传统之间的差别。在结束了这段平静的，但也是工作繁重的阶段之后，我于 1995 年，即在纽约社会研究新学院任为期一年的客座教授期间收到了法兰克福歌德大学的聘请，在那里我将成为哈贝马斯在哲学系的继任者。我毫不犹豫地接受了这个聘请，感到从纽约返回之后，就有责任在我的新教席上，以特别的、无论如何是与我的前任的"光芒"相关联的方式继续发展我自己的理论。在接下来的岁月中，我首要地专注于两个主题。

---

[1] Axel Honneth，*Desintegration. Bruchstücke einer soziologischen Zeitdiagnose*，Frankfurt/M. 1994.

　　我在新工作地研究的一个分支是致力于如下问题，即到底应该如何把握法兰克福学派的不同代表人物对统治性关系进行批判的方式。完全显而易见的是，从阿多诺经霍克海默到哈贝马斯，他们一方面努力用现存社会自身宣告和制度化的规范来衡量这个社会，以能够用内在批判的方式将这样一种社会状态描述为与那些规范相矛盾的非公正性；同时，在这种"内在批判"之外，也存在着完全不同的努力，不是将社会关系简单地作为不公正的社会关系来批判，而是将其作为我们整个生活形式的过失（Verfehlung）来把握。这第二种形式的批判同样地在法兰克福学派的所有著作中都可以找到，我接着哈贝马斯将其刻画为对"社会病症"的诊断；对以上勾勒的主题，我的兴趣是如此之大，以至于我专门撰写了一篇较长的论文来探讨它，在其中我探究了这种批判形式的理论史起源和诸多方法论问题。[1] 这个新的兴趣领域以一种令人惊奇的方式与我当时研究工作的第二个分支和谐一致。20 世纪 90 年代后期，在我的智识发展中我首次深入研究黑格尔的《法哲学》；在过去，我跟随传统的解释潮流，常常认为这本著作是保守的，对承认理论也无关紧要，以至于我并未对它花费很大力气。现在当我意识到黑格尔在这部著作中不仅将正义理论的目标与一种病症诊断的意图以令人印象深刻的方式连接在一起，而且它还为承认理论准备了许多未被突出的宝藏之时，情况就出人意料地改

---

[1] Axel Honneth，"Pathologien des Sozialen. Tradition und Aktualität der Sozialphilosophie"，in：ders.，*Das Andere der Gerechtigkeit. Aufsätze zur praktischen Philosophie*，Frankfurt/M. 2000，S. 11—69.

变了。阿姆斯特丹大学1998年向我发出邀请，请我在紧接着的那个夏季学期到那里去担任斯宾诺莎客座教授，在那里，我利用这个机会，将我对黑格尔《法哲学》的深入研究作为斯宾诺莎讲座（Spinoza-Lectures）提交出来；由此便产生了两年之后我的小型研究《不确定性之痛：黑格尔法哲学的再现实化》(*Leiden an Unbestimmtheit. Eine Reaktualisierung der Hegelschen Rechtsphilosophie*)，这本书是由雷克拉姆出版社（Reclam-Verlag）出版的。[1]

黑格尔的这部著作首先让我激奋的除了正义理论与病症诊断之间的连接之外，就是其在伦理领域中三种承认形式相互区分的独特方式；它在社会学的观察力和道德哲学的锐利眼光上远远超过了黑格尔在其早期著作中已经草拟出的东西。黑格尔在其关于"伦理"的那章中将三种承认形式描述为互动关系，在其中，参与主体意识到共同分担的价值而自愿地承担社会角色，这些角色让他们相互之间有义务通过他们的补充性地相互交错的行为而服务于他们共享的善。这是一种社会学收益，它使得如下这点变得更容易理解，即相互承认往往包含着补充性义务的履行；但是在这个"社会学"收益之外，《法哲学》的整个架构也让承认形式根本不可能涉及非历史的、普遍地给出的互动关系这一点清楚明白；完全相反的是，黑格尔在他的文本中始终意识到，他不仅将现代的、"浪漫主义的"爱的形式，也将"市民社会"中市场参与者之间的承认关系视为历史

---

[1] Axel Honneth, *Leiden an Unbestimmtheit. Eine Reaktualisierung der Hegelschen Rechtsphilosophie*, Stuttgart 2001.

的晚近成就。这种对承认形式的历史相对化，也就是黑格尔的如下信念，即主体之间相互承认的方式随着历史过程的进展而变迁，让我最终确信我最初设定的关于承认模式的那种固定不变、一劳永逸地确定的三分法是错误的。我对我的原初方法的相应修正，是在与南希·弗雷泽的政治学—哲学争辩过程中首次明确地进行的。

我与弗雷泽之间同事般的友谊要回溯到1996年，那一年我是作为社会研究新学院哲学系的特奥多-豪斯教授（Theodor-Heuss-Professor）度过的；当时我们就计划以书面争辩的形式来探讨我们对承认的社会角色的不同观点，这个探讨随后在可能的情况下或许会出版。然而，因为我们二人同时都参与很多其他的研究项目，所以这个计划拖延了将近五年。在这本合作的论著（它最终产生于我们之间的思想交流）中，我首次总结了我当时对我的承认理论的最初构想所做的修改。[1] 基于异议、讨论和进一步的阅读，我当时至少在三个方面获得了不同于我在《为承认而斗争》中所阐述的观点的见解：首先是现在我更清楚了，人们能够将一个特定时代既存的承认形式的社会总体有意义地理解为一种"承认秩序"；从而我希望铸就一个概念，以让人们认识到在任何社会中，通常是在各种不同的社会领域内存在着不同的相互承认形式，但它们一起却必定给出了社会文化再生产的一个有支撑能力的基础，从而它们相互之间也就不可能存在过大的矛盾。正如前面已经提及的，第二方

---

[1] Nancy Fraser, Axel Honneth, *Umverteilung oder Anerkennung. Eine politisch-philosophische Kontroverse*，Frankfurt/M. 2003.

面是我明白了，在社会发展进程中，诸参与主体之间的承认形式可能发生巨大的变迁；尽管我本人已在《为承认而斗争》中强调，在现代之前，社会成员之间的适当承认还是依据社会尊重而按照等级制进行划分的，因此一个人基于其更高的地位会被授予比其他人更多的法律权限，但是我当时并未由此引出必然的结论。现在，这对我来说就意味着，不仅是一个社会的成员之间能够就多少方面相互承认这个问题在历史上是开放的，而且各自的承认方式——感情的、合理性的或者二者的混合——在历史上也是极度变化不定的。第三方面的修订是从第二方面推导出的一个结论，并且是我本该从一开始就必须明白的：社会承认若要能成功就往往必须是交互性或相互性的，这并不是自动地说它也要求主体之间的一种平等；毋宁说，交互承认的历史形式中诸主体就是作为不平等的主体而相互承认的——例如黑格尔在他的《精神现象学》中表明的主奴关系，他们的关系也是相互承认的一种形式，但似乎恰恰是一种不平等的承认。[1]

在我将我的论文加工成与弗雷泽的讨论集这段时间，我在苏尔坎普出版社出版了另外一本名为《不可见性》（*Unsichtbarkeit*）的文集，其中的论文探讨的主题是近现代哲学中承认动机的历史；[2]这些论文虽然产生自不同的诱因，但

---

[1] G. W. F. Hegel, *Phänomenologie des Geistes*, Werke Bd. 3 (Suhrkamp-Werkausgabe), Frankfurt/M. 1970, Kap. B. IV, A, S. 145—155.

[2] Axel Honneth, *Unsichtbarkeit. Stationen einer Theorie der Intersubjektivität*, Frankfurt/M. 2003.

却都围绕着一个问题，即在新近的过去，主体间关系是如何得到哲学地理解的。但是接下来更大的挑战又一次降临到我身上，我于2003年收到伯克利大学的邀请，将于2005年3月去那里进行享有盛誉的坦纳讲座（Tanner-Lectures）。就此我的智识发展又翻开了新的篇章。

六

去伯克利举行坦纳讲座的邀请吸引我的不仅是这个活动的世界性声誉，而且更为强烈的是如下挑战，即要能将我认为重要的主题在具备出众才华的听众面前分三次讲完。因此我不多犹豫就接受了邀请，但暂时还是难以确定要探讨的主题。我将来还要继续从事承认理论领域的许多问题的研究，不过我不想利用这些讲座来单纯地进一步追求我的核心兴趣；因此我要寻求一个理论对象，它尽管显示出对承认概念有所涉及，但是却又足够远离这个概念，以能够为这个概念打开新的视野。当我清晰地意识到，我长久以来就想对由卢卡奇造就并在后来频繁地被使用的"物化"概念进行一番深入分析，以为了当下而在某种程度上拯救这个概念时，我被这个突然产生的想法解救了；这样，将这个概念作为我报告的主题，并尽可能地将其置于我的承认理论的关系之中，再没有什么比这更切题的了。

关于卢卡奇对"物化"的规定和推导，首要地有两个问题长久以来一直吸引着我。[1] 首先，我不太清楚的是，卢卡奇在其著名的论文中列出的所有物化现象是否都可以妥当归入这个概念的名下；例如，如果一个雇佣劳动者的劳动力在资本主义市场上被当作商品来对待，那么他并不简单地是在严格的意义上被"物化"，因为剥削要取决于具体的人的工作能力——因此劳动者并不是单纯地作为物而被利用，而是被当作一个具备特别潜力的人而被"客体化"，或者像一件工具那样被对待。其次，我并未明白的是，为什么一个人或者其本身的灵魂生活的所有变成物或者被像物一样对待的现象都要被溯因到资本主义商品交换；对这种客体化的、剥夺人类尊严的行为方式的出现来说，还存在着单纯经济强制（即以市场参与者的态度看待周围世界和自己）之外的许多其他原因——很遗憾我当时还不知道大卫·莱文斯通·史密斯（David Livingstone Smith）的著作，在这些著作中他研究了这些形式的剥夺人类尊严的行为的非常不同的起因。[2] 因此我着手的工作就是从卢卡奇的论文出发，提出在他的"物化"规定和推导之外的一个概念上的备选方案；我努力的结果就是我的坦纳讲座，其内容于 2005 年在苏尔坎普出版社以《物化：一项承认理论的研究》为题出版。[3]

---

[1] Georg Lukács, "Die Verdinglichung und das Bewußtsein des Proletariats", in: *Georg Lukács Werke*, Bd. 2, Neuwied/ Berlin 1968, S. 257—397.

[2] David Livingstone Smith, *Less than Human. Why We Demean, Enslave, and Exterminate Others*, New York 2011.

[3] Axel Honneth, *Verdinglichung. Eine anerkennungstheoretische Studie*, Frankfurt/ M. 2005.

　　我在这本小册子中尝试表明，我们所理解的"物化"，应该被设想为一种态度，在其中原初的、早在童年时代就已学会的将他人视为有感知能力的"同类"（Mitwesen）的承认被遗忘了——"承认之遗忘"这个概念我是受海德格尔的"存在之遗忘"概念的启发，以期能够用它来标明一种关于人类感知能力的"知识"的丧失所带来的深刻影响，这种知识在之前还是完全不言而喻地被掌控着的。但是，这种刻画并没有说出对这种原初的、非常根本性的承认的遗忘的社会诱因或者原因；我在这里必须呈现的问题，是追问如下状况的问题，它们迫使初步的感觉（如将他人视为有同样感知能力的存在者的感觉）失效了，或者使这种失效成为了可能。资本主义商品交换的行为强制应该能够对此负责，卢卡奇的这个解释由于上述原因并没有让我明白；但是接下来，这样一种"遗忘"可能会是如何被发动的呢？我最终设想的答案（在此不做充分阐述）是，把将人类自更长久的时间以来所渴望的、把邻人仅仅作为无质的客体来利用的这种行为做法（Verhaltenspraktiken）的训练视为这种"遗忘"的原因——我所引用的例子是军事操练，士兵们通过操练"学会"将他人仅仅视为一次可能袭击的目标甚或一次杀戮的目标。我不想就此排除某种经济上的做法也可能引起这样一种遗忘；通过这些做法，涉及的主体事实上仅仅被作为没有任何人性特征、可以被任意操纵的客体来对待，从而它就能够被定性为物化的形式。与到此为止对我的承认理论的表述相反，我的建议的新内容还在于，随规范性义务而来的所有承认形式，都预先呈现了一种首要的、极为根本的承认类型，它唯一的内涵是，完全将他人作为人，从而也就是作为一种有感知能力的、反思性地关涉自身的存在物来看待。

在我的坦纳讲座的讨论中，无论是在现场还是在之后以评论的形式，我的承认理论的这种新建筑术频繁地被误解；其中不乏有人硬说我想要借此以人类学的方式预设一种人们之间在根本上的友好（wohlwollend）关系。我想借这次回顾我本人的智识发展的机会，对这个成问题的论点再次做出澄清：承认的这种第一的、根本性的形式，并不是指诸主体普遍地以友好的动机相互对待，它更多的应该是说，在我们能够赋予他人以要求更高的也就是按照义务来要求自身的属性之前，我们一般地必须首先将他承认为一个"人"，也就是承认其为一种反思性的、对我们做出敏感反应的存在物。后来在我为这本书第二版补充上去的后记中，我尝试对承认的这种根本形式的先行意义再次进行了澄清："物化"作为对首要的、近乎自动地学习到的承认的遗忘，应该意味着在特定的、路径化的实践进程中忽略了，他人是一种反思性地关涉其互动伙伴的存在物意义上的人——无论是以友好还是拒绝的姿态。

七

在我的坦纳讲座这一章（包括对于我内心来说）结束不久，我就开始致力于一个其轮廓在我眼里还没有实际明了的任务。最晚是从我撰写关于黑格尔《法哲学》的意义和目的的那本小册子开始，在我心里就萌生了如下想法：以这本巨著为衬托，尝试为当下提出一种以伦理概念为取向的正义理论。但是我并没有直接撰写著作，而是首先长时间地探讨这个雄心勃勃的冒险计划所要求的方法前提；我在那些想将社会正义原则更多地从既有的"日常道德"中获取或导出的政治哲学方式中，而非像通常那样在一种取向于普遍原则的、回溯到康德的思维传统中去寻求建议——所以我当时的阅读定额（Lektürepensum）中就包含着对迈克尔·沃尔泽（Michael Walzer）和大卫·米勒（David Miller）的相关研究。[1] 此外，我对这个新的、规模宏大的主题所做的漫长的准备工作（Einarbeitung），伴随着诸多研究的计划，即将我过去几年出于不同的诱因而撰写的论文结集成册；在短短三年时间中，我就以这种方式出版了两本新的文集，它们也都是由苏尔坎普出版社出版的，并且是致力于两个非常不同的主题领域：在论文集《理性的病理：批判理论的历史与当前》（*Pathologien der Vernunft. Geschichte und Gegenwart der Kritischen Theorie*）中我收集了之前撰写的、论述批判的社会理论传统的不同作者和方法的论文，[2] 在《我们中的自我：承认理论研究》（*Das Ich im Wir. Studien zur Anerkennungstheorie*）这本文集中，我收集了论述人

---

[1] Michael Walzer, *Sphären der Gerechtigkeit. Ein Plädoyer für Pluralität und Gleichheit*, übersetzt von Hanne Herkommer, Frankfurt/New York 1992; David Miller, *Grundsätze sozialer Gerechtigkeit*, Frankfurt/New York 2008.

[2] Axel Honneth, *Pathologien der Vernunft. Geschichte und Gegenwart der Kritischen Theorie*, Frankfurt/M. 2007.

类主体间性理论的先行者和代表人物的研究。[1]

　　这两本书收录的论文中没有一篇直接对那个更大的、当时浮现于我眼前的规划有所贡献，但是其中有几篇展现了走向这个新计划的重要的中间步骤（Vermittlungsschritte）。我在一篇文章中探究了波尔丹斯基（Luc Boltanski）和泰弗诺（Laurent Thévenot）在他们的著作《论辩护》（Über die Rechtfertigung）中勾勒出的道德社会学的基本理论预设，以查明日常行动者借以检查其社会秩序的特定领域的合法性的那些道德原则；[2]尽管我对这种方法提出了诸多异议，但是它帮助我获得了关于黑格尔哲学前提的重要性和正确性的社会学澄清，即任何主要的社会领域都按照各自的基本原理而获得伦理上的辩护。[3]在我看来类似的还有大卫·米勒（David Miller）关于《社会正义的基本原理》（Grundsätze sozialer Gerechtigkeit）的研究，我对它的探讨最初是我为文集《我们中的自我》写的"前言"；在这种方法中我看到了许多与黑格尔《法哲学》在社会学上的相似性，米勒的出发点恰恰也是对有效的正义原则的规定必须能够遵循社会成员的伦理确信，从而必须预设一个多元的形态。[4]在研讨这些理论

---

[1] Axel Honneth, *Das Ich im Wir. Studien zur Anerkennungstheorie*, Berlin 2010.

[2] Luc Boltanski, Laurent Thévenot, *Über die Rechtfertigung. Eine Soziologie der kritischen Urteilskraft*, Hamburg 2007.

[3] Axel Honneth, "Verflüssigungen des Sozialen. Zur Gesellschaftstheorie von Luc Boltanski und Laurent Thévenot", in: ders. *Das Ich im Wir*, a. a. O., S. 131—157.

[4] Axel Honneth, "Sozialforschung als Kritik. Zur Gerechtigkeitstheorie von David Miller", ebd., S. 158—178.

的道路上，我逐渐提出如下初步观点——就像我尝试将黑格尔法哲学重新现实化时在方法上所必须认识到的那样：为了让他的思辨操作变得勉强合理，我就不能单纯地"拾起"关于单个社会领域的"伦理"原则的简单现存观点或者仅仅是经验地查明之，毋宁说这些观点必须随着现代社会的发展以规范的方式被"重建"，以使得它们作为在社会冲突中赢得的、逐渐推进的对不同现代体制的"内在规范性"的解说而能够被理解。在波茨坦大学为我的作品召开的学术研讨会上，我给出了关于以上提出的、我打算作为我研究之基础的"规范性重建"方法论的第一份概要，这篇论文后来发表在一本小册子中。[1] 这份方法论上的纲要标志着一个开始，这样我从 2008 年起便能够高强度地对我的计划进行文字上的撰写，以赋予黑格尔《法哲学》一个与我们这个时代相适应的形态。

很早我就决定，将这本即将产生的著作取名为《自由的权利》(Das Recht der Freiheit)，以借此充分考虑黑格尔的实践—政治哲学的根本意图：黑格尔确信，现代社会的制度领域中的社会正义，应该就此得到衡量，即其在何种程度上成功地全面满足了诸主体关于其个人自由现实化的要求。不过，这个原则要能够被应用，首先就必须阐明"个人自由"的含义——就

---

[1] Axel Honneth, "Gerechtigkeitstheorie als Gesellschaftsanalyse. Überlegungen im Anschluss an Hegel", in: Christoph Menke, Julia Rebentisch (Hg.), *Axel Honneth. Gerechtigkeit und Gesellschaft*, Berlin 2008, S. 11—29.

像黑格尔在其《法哲学》的长篇"导言"中所论述的那样。[1]
我也打算在我著作的开头部分提出类似的东西，只是我想要
在这里取消掉黑格尔那种形而上学的、从精神概念出发来进
行的论证过程。因此我的任务就是，将我对不同社会领域的
规范性原则的规范性重建作为本书的一部分先说出来，在此
黑格尔的精神中的"个人自由"概念被分成诸多组成部分，
这些部分由于精神的含义的复多性而内在于精神之中。为了
完成这个任务，我采取的策略是，沿着近代政治思维的历史
总结出"自由"的三种含义，这三种含义必须被区分开并且
构成了同一个概念的富有意义的诸方面：霍布斯隆重命名的
"消极的"自由观念，卢梭和康德确立的"道德的"或"反思
的"自由观念，最后是"社会的"或"交往的"自由，这是
由黑格尔在《法哲学》的"导言"中作为最为广泛的自由范
畴提出来的。[2]就像在黑格尔那里一样，我想将这三个概念
放到词典式的（lexikalisch）秩序中来理解，因此它们中任何
一个后出现的概念都以前一个概念为前提，离开前一个概念，
后一个概念就得不到思维（或者现实化）。这样，就像在黑格
尔那里一样，我得出了研究的框架结构：我一开始必须阐明近
代社会中个人自由的社会地位和辩护基础，我借助于霍布斯将
其理解为"消极的"自由，它应该被把握为主体权利的典型体

[1] G. W. F. Hegel, *Grundlinien der Philosophie des Rechts* (Theorie-Werkausgabe),
    Frankfurt/M. 1970, Bd. 7, Einleitung, S. 29—91.
[2] Axel Honneth, *Das Recht der Freiheit. Grundriß einer demokratischen Sittlichkeit*,
    Berlin 2011, Teil A, Kap. I—III.

现；我必须由此过渡到"反思的"自由，以演示消极自由的生存授权（Daseinsberechtigung），并最终重建不同的领域，在这些领域中社会成员应该有能力以社会互动的形式，"社会地"实施其个人自由，并就此感到自身是更为广泛的"我们"中的一员。

在我的计划中显得如此简单的东西，接下来在细节上却比我预期的要难以实现得多。我不仅低估了为了让关于这个需单独阐述的领域的知识水平达到尚可程度所必须处理的文献总量；我之前也没有注意到，与黑格尔不同，还必须阐述单个自由领域中的社会冲突，这些冲突自那个时代以来导致了不同规范性原则的集体谱写（Ausbuchstabierung）的巨大进步。另外，我也想跟随黑格尔，不仅突出单个自由领域的"生存权利"（Daseinsrecht），而且还要提出社会的病症，每当向来得到保障的自由的规范性要点被误解，这种病症就会产生。简而言之，我在笔记中所注意到的和渴求进一步阅读的许多东西，都聚集到了这里。我的家庭之前从未忍受过我日复一日地为了驾驭劳动消耗而强加于自己的纪律所带来的痛苦；但是幸得我在法兰克福大学能够有资格休连续两个学期的学术假（Freisemester）——这是我因为参与"规范性秩序"（Normative Orders）研究集群而赢得的。接下来就是 2011 年 4 月，我完成了我的书稿，我对这个成果基本满意，从而就能将整部长达 600 多页的稿件递交给苏尔坎普出版社的编辑女士。

在这里我不想再次总结我这部论著的建筑术和论证线索。指出我曾尝试为 20 世纪西方社会提出民主伦理的制度条件这一点就足够了：我若是想跟随黑格尔的操作办法，就必须在我的著作中致力于研究现代社会的制度结构，看看对其成员或者是对国家机关的哪些规范性义务被准入，若不遵守它们，对社会再生产来说必不可少的不同任务就得不到完成，就像基于当时流行的、被粗略划分的社会道德所期待的那样；那么就类似黑格尔所做的，依据以这种方式揭示的、声称具有社会有效性的社会规范，就应该得到"规范性的"或"合理性的"重建，因此它应该总是被描绘为"公正的"，因为它在以道德方式要求的形式下，对社会内部必不可少的任务的完成做出了贡献。社会正义条件的整体应该被把握为社会成员能够没有限制和畏惧地参与一个民主社会的社会生活的前提。我于2011年出版的这本书很快就获得大量反响，包括从热情的赞誉到谨慎的赞同，再到激烈的批判；持肯定态度的人，首先是赞赏通过一种伦理的制度主义对规范性的程序主义的克服，而否定的反响涉及的则首先是说，我与黑格尔一道过分拘泥于制度上的既有物，以及"规范性重建"的方法未得到充分论证。在随后为本书举行的许多学术讨论会上，我试图与这些异议进行争辩；就此我专注于社会习俗主义这种异议，通过清晰地区分"制度的"革命和"规范的"革命来进行反驳：尽管我的研究一再暗示，当下的制度架构能够给出更好的、对自由价值有更加内涵丰富的说明的选项，但不是说我们就要长期坚持这个规范性原理本身，这里我想说的是不以借法国大革命强有力地表达出的个人自由价值为约束——从而我的论证和方法认可的，当然是"制度的"（institutionell）革命，而非为了将来的"规范的"革命。关于这个异议以及与之接近的争论点而发生的一些争辩，现在应该可以以书面的形式查阅到；这些读物提供了一个关于我的著作在学术界所引起的诸多讨论的很好的概观。[1]

但是在完成了我迄今为止规模最为宏大的著作之后，我还想做进一步的澄清，从而开辟一条新的道路。在这个意义上说，我的智识发展由此开启的这个阶段首先只是理论的深化和哲学上的后续工作。

<h2 style="text-align:center">八</h2>

在我的著作出版那一年，我就收到了纽约的哥伦比亚大学的职位聘请，去就任哲学系的一个名为梅隆教席（Mellon-Professur）的长期教职；但是由于我要继续歌德大学的教授职位以及社会研究所所长之职——这两个职位对我都很重要——我就告知哥伦比亚大学，我想暂时先以每年中的半年时间担任计划中的这个教授职位。接受这"第二个"教授职位肯定首先意味着巨大的转换（Umstellung）和多出来的一份工作，但是它却有悖常理地为我本身的研究挪出了更大空间，因为我在

---

[1] The Right of Freedom. Special Issue, in: *Krisis. Journal for contemporary philosophy* (Online journal; www.krisis.eu), 2013; *Critical Horizons. Special Issue: Axel Honneth's Freedom's Right*, Vol. 16 (2015), No.2; Mark Hunyadi (Hg.), *Axel Honneth. De la reconnaissance à la liberté*, Lormont 2014; Magnus Schlette (Hg.), *Ist Selbstverwirklichung institutionalsierbar? Axel Honneth's Freiheitstheorie in der Diskussion*, Frankfurt/M.: Campus Verlag 2018.

纽约的几个月不必陪伴家庭，从而一度可以像一个学生那样无忧无虑地工作。尤其是在对我著作的批判压力之下，我已于 2012 年利用新的可能性堵住了《自由的权利》的论证过程中的一些漏洞，同时也补上了一些缺失的区分。有一篇文章属于第一个领域，德国教育科学家大会邀请我做主题报告给了我撰写这篇文章的机会。因为过度屈从于黑格尔《法哲学》的布局，我在我的著作中犯下了如下错误，即与德国唯心主义者一道，忽视了公共教育机构——在今天涵盖从学前教育经中小学再到大学——对民主伦理的发展和维持的重大意义；在上述报告中，我尝试通过与杜威和涂尔干一道突出公共学校（恰恰不是"私人"学校）关键的民主角色来消除这一明显的缺陷。这份讲演稿很快就作为论文发表，[1] 在某种程度上说，它必须被作为另外的一章在思想上补充进《自由的权利》之中，以让后者能够成为包含民主伦理的制度条件的一幅完整图景；对此公共学校占据非常核心的位置，它们还被委以法治的使命，即通过课程的形式和材料来练习民主的态度和实操。

但不仅是有一些明显的疏漏在事后被认为在《自由的权利》中就应该消除的，而且我这本著作中还有一些核心的转换构件（Weichenstellung）未得充分说明，所以我现在感觉到有事后去改善它们的压力。除了"规范性重建"在方法上的程序之外，首要的是"个人自由"的三个概念之间的区分。又是

---

[1] Axel Honneth, "Erziehung und demokratische Öffentlichkeit. Ein vernachlässigtes Kapitel der politischen Philosophie", in: *Zeitschrift für Erziehungswissenschaft*, Bd. 15, H. 3, 2012, S. 429—442.

一个做报告的邀请，给了我机会对它做进一步阐明。2013 年，玛莎·努斯鲍姆（Martha Nussbaum）向我建议，在接下来的一年到芝加哥大学去主持杜威讲座；由于我长期以来对杜威的哲学著作评价甚高，而且认为其迎合了我本身的关切，[1] 所以我毫不犹豫就接受了这个邀请。在我的报告中（随后也作为论文发表[2]），我尝试通过对日常例证的直观说明并独立于所有传统对其含义进行解释，来赋予对《自由的权利》至关重要的"社会自由"概念一个更加清晰的轮廓。关于最后是否成功，我不能做出适当评价，但是我认为确定的是，离开关于自由的"第三个"概念的一种直觉性的说服力和可理解性，《自由的权利》的根基就非常脆弱。

不过《自由的权利》的回声中对我来说有燃眉之急的是，频繁地有人提出异议，说我在我这本著作中像黑格尔一样过度拘泥于现存的社会关系，没有能力在思想上超越之。因此早在 2012 年我就萌生了一个想法，撰写一本关于社会主义的简短研究著作，以一劳永逸地解释清楚，我认为在《自由的权

---

[1] 除《自由的权利》中的许多论述之外，还可参见：Axel Honneth, "Demokratie als reflexive Kooperation. John Dewey und die Demokratietheorie der Gegenwart", in: ders., *Das Andere der Gerechtigkeit*, a. a. O., S. 282—309; Axel Honneth, "Zwischen Prozeduralismus und Teleologie. Ein ungelöster Konflikt in der Moraltheorie von John Dewey", in: *Deutsche Zeitschrift für Philosophie*, Jg. 47（1999）, Heft 1, S. 59—74。

[2] Axel Honneth, "Drei, nicht zwei Begriffe der Freiheit", zuerst erschienen in: *Die Unergründlichkeit der menschlichen Natur. Internationales Jahrbuch für Philosophische Anthropologie*, hg. von Olivia Mitscherlich-Schönherr u. Matthias Schloßberger, Berlin 2015, Volume 5, S. 113—130.

利》中阐述出的民主伦理的条件的进一步发展，在一种"社会主义的"社会体系的方向上不仅仅是可以想象的，而且甚至也是规范性地被要求的。又是做一个系列报告的邀请让我有机会，将这个一开始还是模糊的计划实际地付诸实施，并随着时间的推移产生了一本关于《社会主义理念》的小书。[1] 在这项研究中，我通过三项思想操作来确立其与之前那本著作之间的连续性，同时想打开一个向前的视野：首先，在我看来很重要的是突出社会主义传统，它在道德上不是简单地要求论证社会平等，而是首先要求论证社会自由——在规范上要求所有社会成员的平等地位，这不是为了他们自己，而是为了社会的或者团结的自由之实现。其次，我心里记着要去阐明，在这个社会主义传统中，我在《自由的权利》中与黑格尔一道描述的不同社会领域的功能性区分从一开始就被低估了，也就是如下事实被低估了，即在现代社会，社会再生产的任务在分工上相互联系的诸领域中完成，而这些领域是分别通过不同的规范来调节和组织的；因为人们持着受马克思主义影响的社会主义观念，并错误地从社会整体被（社会主义地改造过的）经济所统治和构造这一观点出发，所以就需要对社会主义理论进行重新定向，以适当考虑这种功能性区分的情况。再次，我也着眼于尽可能清楚地突出，为何最终还需要对社会主义的历史观进行重新定向（Umorientierung）：如果说人们到目前为止仍然确信，对如何构造"社会主义"社会的制度系统已经拥有了足够

---

[1] Axel Honneth，*Die Idee des Sozialismus. Versuch einer Aktualisierung*，Berlin 2015.

的知识，那么我的看法则与此相反，我们今天可能还远远不能肯定，哪种经济形式最能够满足社会自由的扩展和实现这个目标；从而在我看来，为当前的社会主义推荐一种实验性的观点是有道理的，在其中未来的历史必须被视为一种制度的诸可能性的开放领域，这样通过社会实验才会试验出走向实现社会主义经济的最适合的道路。

关于我对社会主义重新定向的努力的简短概观已经让我们知道，这项研究被视为一种"元政治学"的自我理解；我绝不是想就此为当前政治领域的派别提供方向性建议，毋宁说我是将这些规范性的和社会理论的基点勾勒出来，它们是当今有责任实现社会自由的社会主义运动必须加以坚持的。《社会主义理念》出版之后迅速引发许多讨论，在这些讨论中我的论证方向（Ausrichtung）经常被误解；人们总是一再地在其中寻求我们今天关于社会主义已经能够形成共识的、关于社会参与者或者经济措施的具体指引。每次我都不得不令这些查问失望，因为我每次都指出我的研究的元政治学身份（Status）；再重复一下，毋宁说我的意图在于，只有有朝一日，我们获得了社会主义的新定向框架之后，在其中这个运动过去的政治失败所贡献的所有理论前提都被排除了之后，只有当这样的重新校准（Neujustierung）的任务得到完成之时，那么人们才能够提出我们为社会主义运动的政治重组能够做些什么这个问题——我至今仍确信这一点。

随着我的《社会主义理念》这本小书的出版，我针对学界批判《自由的权利》的回应就告一段落了；尽管我看到了进一步澄清的需要，因为诸如"规范性重建"在方法上必须如何得到更加准确的理解，或是对"社会病症"概念如何有意义地使用这样的问题，至今都仍然是开放的；[1]但是对于大多数的查问我相信通过我的补充性文章和社会主义研究现在都已经回答了，以至于我首次感觉到，我能够转向我的新任务了。就像在我的智识发展中如此频繁发生的那样，我的社会哲学理念的每次进一步深化的启迪，都是由一次我幸运地收到报告邀请来实现的。

九

如果我的回忆没错的话，在 2016 年的前几个月，我收到剑桥大学历史系的邀请，次年去那里进行西利讲座（Seeley-Lecture），这个讲座虽然在德国知名度不高，但在盎格鲁—撒克逊世界却声誉日隆。他们很友好地告知我，这三次讲演应该致力于"思想史"领域，从而必须探讨精神史一类的材料，但是在确切的主题选择上给予我所有的自由。因为我长期以来感到需要更多地从事哲学史的工作，便立刻接受了这个邀请，但是在决定将要探讨哪个主题上，一开始还有些困难。最终我豁然开朗了，因为我明白了，当时关于社会承认消极方面的大量讨论，也就是关于任何承认都能够固定地连接着特定的属性这

---

[1] 例如参见：Fabian Freyenhagen, "Honneth on Social Pathologies: A Critique", in: *Critical Horizons*. 16（2），2015，S. 131—152。

种情况的讨论，都必须具有一种历史性维度。也就是说，我开始追问，人类的承认需要在欧洲精神史上有时候是否被消极地解释了，以至于今天对"承认"的怀疑是有其历史先行者的。几年之前我就曾经探索过这个问题，例如我曾经研究过卢梭的著作，看看它就人类对社会性尊重的依赖进行了哪些深刻的抨击；[1]何不进一步探询并将整个过程以精神史的方式重建出来，在这个过程中，欧洲现代精神就人类的承认需要这个主题在不同思想家中间进行了极富争议的讨论；我希望，我也能够以这种方式发掘出今天人们或者从消极影响，或者从积极影响来评价社会承认的原因。对这个主题我几乎还没有准备好，我意识到通过这个主题我会将历史性问题和系统性问题结合起来，心里也立刻热血沸腾起来；我给剑桥大学的同事回复说，我的三场讲演将致力于探讨承认理念的欧洲精神史。

　　在我的智识发展中，之前很少有什么任务像写下这三场讲演的文稿这么简单流畅。第一次带着系统的知识兴趣，我阅读了拉罗什富科（La Rochefoucauld）、卢梭、大卫·休谟、亚当·斯密和其他作者的相关著作，因为在他们所有人那里，我都看到了就我们对社会承认的依赖性的意义进行探讨的有趣踪迹。我对他们各自著作钻研得越是深入，让人认识到具体语言文化之间最为显著的差别的发展线索就越是清晰地呈现在我眼前：在法兰西文化圈中，也就是在道德主义者和卢梭那里，存

---

[1] Axel Honneth, "Untiefen der Anerkennung. Das sozialphilosophische Erbe Jean-Jacques Rousseaus", in: *West End. Neue Zeitschrift für Sozialforschung*, 9. Jg.（2012），Heft 1/2, S. 47—64.

在着一种对社会尊重之需要的极大怀疑，因为他们推测其中存在着个人独立性和本真性丧失的动机根源；在盎格鲁—撒克逊文化圈则相反，在沙夫茨伯里（Shaftesbury）、休谟和斯密这些人那里，对这种依赖他人的积极评价占据统治地位，因为他们在其中看到了一种认知的和道德的自身控制的产生手段；最后在德意志文化圈中，在康德、费希特和黑格尔那里，一种对邻人的社会依靠的同样极为积极的评价也在"尊重"和"承认"等概念的名下迅速得到普遍认同，因为它被把握为所有市民之间平等关系的源泉。当我明白了对社会承认的解释的这些民族特征，并且认为在添加上历史材料的情况下能够将其阐释为政治差异的后果之后，我就迅速地将我调查研究的结果写成文章；然后我基于这些稿件于 2017 年 5 月在剑桥大学做了三次讲演，并且也得到很多赞同，这样就可以计划将我的西利讲座出版成书了。

在访问剑桥大学的几个月后，我向手稿中补充了另外的一章，在其中我尝试从我的观念史思考中引出系统性的结论；扩展了这一章之后，这份小型研究就以《承认：一部欧洲观念史》（*Anerkennung. Eine europäische Ideengeschichte*）为名，于 2018 年又是在苏尔坎普出版社出版了。[1] 但有趣的是，这本小书在国外，尤其是在法国和英国，引起的关注要大于在德国——尽管我在这本书中恰恰是将对"承认"的德语解释阐明为特别进步和指引性的。直到今天，我都没有成功地弄明白，

---

[1] Axel Honneth, *Anerkennung. Eine europäische Ideengeschichte*, Berlin 2018.

到底对我的研究的接受的这种巨大差异是由什么原因引起的；但有时我会怀疑，这个原因可能与历史意识的缺乏有关，这种缺乏的情况多年来一直令人遗憾地在德国大学的人文社会科学中占据着统治地位。

十

随着这个悲观的推测，我在这里呈现的、对我本人的智识发展做一个概观的努力就接近尾声了。在我关于欧洲思想中承认主题的著作结束之后的时间里，我在新泽西的普林斯顿大学高等研究院做了为期一年的学术访问；在那里我能够借助优越的工作条件来积蓄新的力量，以准备未来的研究规划。我再次幸运地收到了一个报告邀请（现在这对我来说是一个习惯了），这次是柏林，他们邀请我于 2021 年到那里去做本雅明讲座（Benjamin-Vorlesungen）。与之前的邀请不同，这次我没感觉到困难，我迅速决定了这三次讲演的主题；因为长久以来我就有这个想法，即最终以更为详细和更为专题性的形式来探讨我迄今为止只是以众多相互独立的文章进行探究的问题：[1]我想以历史—系统的方式来研究，我们的社会劳动关系在将来如

---

[1] Axel Honneth, "Arbeit und instrumentales Handeln", in: Axel Honneth, Urs Jaeggi（Hg.）, *Arbeit*, *Handlung*, *Normativität*, Frankfurt/M 1980, S. 185—233; ders., "Arbeit und Anerkennung. Versuch einer Neubestimmung", in: *Deutsche Zeitschrift für Philosophie*, 56（2008）3, S. 327—341.

何能够得到变革，以允许职工能够在没有时间、心理和物质限制的情况下参与民主决策？尽管我已经在一篇关于民主与分工的新文章（它发表在我 2020 年出版的文集中[1]）中尝试勾勒了这个新的工作领域，但是现在我想处理的是，在本质上更加详尽地探讨对民主决策的补充需求（Ergänzungsbedürftigkeit）和对公平的、良善的劳动条件的追问。

我目前已经以《劳动的主权》（Der arbeitende Souverän）为题在柏林做了三场讲演；我在那里收到了对我的思考反馈回来的诸多启发意见和批评性质疑，我将在接下来的几个月中对我的手稿进行加工，以将其完善为一本专著。借着这本计划中的书，我以某种方式返回到了我智识发展的最初开端；因为我想主题化的，恰恰是劳动群众受到的社会歧视，早在我的学生时代，这些歧视就已经让我注意到社会承认的价值了。

阿克塞尔·霍耐特

2021 年 7 月

（谢永康 译）

---

[1] Axel Honneth, "Demokratie und soziale Arbeitsteilung. Noch ein vernachlässigtes Kapitel der polirischen Philosophie", in: ders., *Die Armut unserer Freiheit. Aufsätze 2012—2019*, Berlin 2020, S. 208—233.

译者导言

一、以"承认理论"重启"物化"批判

《物化：承认理论探析》原为霍耐特于美国伯克利大学发表之演讲稿，知晓"物化"概念以及批判理论的读者，从题名便不难想象，霍耐特显然有意从他所发展的承认理论出发，承继并发展卢卡奇的物化批判。然而，当我们进一步探问，霍耐特在此书中，究竟是以何种方式联系其自身的承认理论与物化议题时，会发现，这是一个不容易马上看出答案的问题。

如同批判理论的所有作者那样，霍耐特的理论著述皆是以对当代社会的深刻关怀为其根本动机。他在此书的首章与末章亦明确指出，今日，我们正面临着基因操控、代理孕母、色情工业、人口贩卖、爱情商业化等新旧物化问题的挑战，正是对这些现象的忧心，促使他撰写此书。然而，倘若读者出于直觉，预期霍耐特将以一种直接呼应法兰克福学派传统的方式，提出物化批判，则很有可能在一开始，便造成了理解此书内容的限制。因为在这篇演讲稿中，我们既不会读到卢卡奇式的批判，将资本主义社会描述为一种全面物化的状态，也不会找到对当代物化现象的大幅社会学剖析。正由于霍耐特在此探

讨"物化"的方式，与西方马克思主义思潮以降的"物化"批判皆不相同，使此书在初读时，很容易显得难以归类，甚或可能使人感到困惑，霍耐特究竟是在何种意义上探讨"物化"问题？

然而，若是我们能搁置习惯的诠释框架，深入阅读，则将会察觉，这篇演讲录的企图与意义，主要并不在于直接批判分析当代物化现象，而是为了要在今日还能提出物化批判，进行理论上的奠基与准备。也就是说，霍耐特对社会发展的关注，包含着对社会批判与社会发展之间落差的思考：为什么，与20世纪相较，在21世纪曾经激起深切反省的卢卡奇的"物化"概念，却不再为人引用？是哪些因素，削弱了批判"物化"现象的声音与力道？霍耐特在此讲稿中显示的是，唯有先克服这些并未言明的、关于理论预设的怀疑与障碍，我们才能在今日重启——或如霍耐特所说的"再现实化"（Reaktualisierung）——"物化"概念。正因如此，尽管在论述的过程中，霍耐特时时回应着卢卡奇的思路和他所接续的批判理论传统，然而此篇演讲并非传统意义下的经典回顾或阐释，而是要为一种能为今所用的社会病理分析，提供有说服力的论述根据。

具体而言，霍耐特在此书中，主要是以承认理论中的社会存有论思维，重建物化批判的论述根据。而这指的是什么呢？霍耐特在第一章开始，便引用卢卡奇在《物化与无产阶级意识》卷首对"物化"的定义，即"人与人之间的关系具有物之性格"（见本书第8页），他将此定义转化成了提问：当卢卡奇在 20 世纪初，将当时可见的病态社会现象界定为"物化"时，这类判断显然预设了，某种属于人与人的社会关系本质受到了毁损扭曲，然而，这一预设的内容究竟是什么？卢卡奇对此并未提出系统的说明，他并未阐明，未被物化的、不应被物化的"人与人之间的关系"是何种关系，以及此类关系是否或如何支持着实然的社会生活等问题。在霍耐特看来，这一缺空，导致卢卡奇倾向于对资本主义社会生活作全盘否定。尽管卢卡奇的批判过于极端，但霍耐特认为，卢卡奇提出的"物化"批判，本身就展现了一种对今日仍有重大意义的洞见，卢卡奇使得一类特定的社会病态（soziale Pathologien）显影出来，而这是一类难以借道德范畴及正义原则捕捉的社会病态。此类社会现象不一定或不仅只是与道德或法律相违背，而是涉及一更根本的层次，亦即，它们伤害了我们共享的"人类存有之根本的理性基础"（见本书第 6 页）。也就是说，不同于道德哲学家或正义论者，卢卡奇的批判视域深及人类实践与社会存有之根本，而这正是霍耐特要于今日批判理论延续者。他认为，我们若要在今日重启卢卡奇的"物化"批判，亦即，理论上不再对"生活形式"（Lebensform）的扭曲保持沉默，那么，就必须要能阐明卢卡奇当时未能说明的社会共同生活的基础为何。而相隔八十年，唯有当我们能融整新近理论研究，并且以一种贴近当代生活经验的方式，厘清我们今日理解的理性的共同生活的根基为何时，才有可能使"物化"再次成为一有说服力的社会批判范畴——而这正是霍耐特要以其主体际的承认理论及其内含的理论资源，在社会存有论的或哲学人类学的层面上[1]，重新充实"物化"批判的着力之处。

　　霍耐特这一以承认理论重构物化概念的计划，在论述的步骤上，或可约略分为三个部分：霍耐特首先借助与卢卡奇同时代的杜威（John Dewey）与海德格尔（Martin Heidegger）的思想，转变了讨论的框架，也就是说，他将卢卡奇对历史社会的全观视角转为由社会行动者的内在角度出发，从纯然的批判，先转为对人类实践的本质性描述（第一、二章）。从社会参与者的实然经验出发，霍耐特所关切的问题转换成了：个体在未受到特定社会因素影响而形成物化的态度前，他或她最初经历的各种与世关系有何普遍特质？霍耐特从三个面向（人与他人、人与物、人与自我）阐明，是深植于人与人之间的相互承认，亦即一种人际情感上自然的肯认与联系，使个体得以发展为能够共同参与社会生活的理性个体。在主要的三章中，霍耐特除了援引阿多诺（Theodor W. Adorno）与卡维尔（Stanley Cavell）的哲学，也引用当代发展心理学的研究成果，以理论上可解释、经验上有所据的方式指出，此种普遍实存的承认态度，乃是所有理性发展及运作的先在条件。而以此为根据，霍耐特遂重新定义了卢卡奇的物化概念：若"承认先在"

---

[1] 虽说关于人类的普遍性描述，一般会被归类于哲学人类学，然而霍耐特的承认理论所强调的是，我们无法脱离社会关系而谈人类存有的本质，霍耐特在此书中就（物化生发之前的）"承认"探讨的，乃是人类实践内在本有的社会性与情感联系，这不仅是个体发展，同时也是社会共同生活的根基，故将此研究称为"社会存有论的"，比称之为人类学的，更能避免引起一种倾向聚焦于个人存有的、主体哲学的想象。

是人类存有的普遍事实，那么反向而言，任何型态的物化关系（对人、对己、对物），都可理解为一种"承认遗忘"（第三、四、五章）。在最后，霍耐特对今日在社会哲学上运用"物化"概念的可能方式，提出建议。并以卢卡奇提出"物化"批判所展现的深刻社会关怀，提醒着社会批判理论在整体走向上，应有"社会病理学"之意义，以期能促进公共领域之讨论、有助于"社会病态"之矫正（第六章）。

二、"共感且参与的"实践态度

霍耐特在首章即指出，今日讨论"物化"问题时，与卢卡奇在出发点上的不同之处在于，相对于卢卡奇以马克思与韦伯的思想为据，认为资本主义商品交易及其仰赖的理性化过程，会必然导致所有社会关系的物化，我们今日应同意，在功能高度分化的当代社会中，某些对象化而工具性的理性运用有其正当性。依此观点，资本主义中的商品交易过程、行政官僚制度或凭理性计算追求分工效率本身，不宜直接作为判定"物化"生发的依据。与之相较，霍耐特的做法是，他将界定"物化"生发的判准向内翻转，而以"行动主体在物化他者的过程中，自身如何必然经历转变"（见本书第11页）为判准。亦即，只有当社会建制影响行动者，使其内在发生某种特定的变化时，"物化"的征兆才会浮现。在后续的章节中，我们会更清楚地看到，此处的变化，指的是社会主体在行动与认识活动中，以不同的方式，失去了和原先已存在的社会承认关系的联系，及至他甚且不再将他人视待为人。但在第二章，霍耐特先以批判性的诠释方法[1]，重新审视了卢卡奇在《物化与无产阶级意识》中的基本人类学预设，以辨析出可为今用的资源。霍耐特认为，当卢卡奇强调"旁观"或"默想"乃是主体行为转变之后的结果，他显然有某种直觉，相信人类与其周遭世界有着某种原初的关系，在其中，人对人的态度不是无动于衷的冷眼旁观，而是有主动投身参与的自然兴趣。霍耐特舍去了卢卡奇那些观念论的、以主体征服创造出客体的主体中心式的想法，他在较少为人注意到的零星描述中，察觉到，卢卡奇亦有着与当代的自我理解贴近的想象。霍耐特将其中最关键的且能充实当代社会哲学的一项特质，称为 anteilnehmend，这个在全书中用以描述人类本然实践态度最为核心的概念，在中文里并无直接对应的现成词，笔者将之译为"共感且参与的"，用以表达原德文词中紧密共存的两种意义：此德文词有"同情共感"的意义，但也包含着"参与其中"的意思。霍耐特用此词表达"承认"的基本意义，一方面强调自我与他人之间，有共在的自然联系，而

---

[1] 霍耐特企图使经典能古为今用的诠释方法，在德兰蒂（Jean-Philippe Deranty）详细探讨霍耐特哲学发展的书中有很好的解释："霍耐特具有原创性的诠释重构方法，主要在于他会凸显出他所探讨的作者在构思途径中的'分岔'之处。这个思想家或许在某一阶段，曾有另一条取径，并约略发展出此模型中的某些部分。然而，一旦其他更强的基本预设发展成为主导，另种取径则自此被舍弃。而霍耐特常常在这些他所探讨的思想家中，发现某些未能完全发展的或被放弃的见解，其对于以……承认为核心的社会理论，有着极能引人深思的、具有前瞻性的指示。"*Beyond Communication：A Critical Study of Axel Honneth's Social Philosophy*，Leiden：Brill，2009，p.3。

非不参与的疏离旁观，同时强调此种联系乃是"先于认识的"，具有感性或情感特质。英译本将此词的名词形 Anteilnahme 依文章脉络有时译为 engagement/involvement，有时则译为 sympathy [1]，同样反映着德文词中缺一不可的双重意义。

与卢卡奇同时代的海德格尔与杜威，在面临 20 世纪初科技理性的挑战时，虽然同样没有今日主体际哲学的语汇，却分别从存有论与实用主义的观点，描绘了这种人所普遍怀有的与他者互动的态度。当霍耐特在讨论海德格尔时写到"人的存在实际上是在'存在之参与'（existentielle Anteilnahme）及'挂念担忧'中开展"（见本书第 23 页），以及杜威借由"互动"的概念指出"人类作为行动者，最初是以一种存在上毫无隔阂且实践上完全投入的态度，联系自己与世界"（见本书第 30 页）时，霍耐特所要强调的是，作为"行动者"、作为"主体"的我们，并非单子个体，我们不是实践的绝对开端，也不是实践所要成全的唯一目的，他者的存在、他者与我的关系，始终先于我、让我挂念。全书中，霍耐特用了很多意义相近的概念，例如"存在之关切""涉身投入""先在的互动"等。这些不同的概念，所共同表达的，乃是一种隐微而真实的感受，内在于日常生活的时时刻刻：即便我们对此并不自觉，但周遭世界总是与我共存且相系相应、我们无法不回应外在对我们的要求。这两个 20 世纪初哲学家关于人类存有的想法，所共同传达的，如霍耐特所说，皆是一种对他者的"承

---

[1] 参见 Axel Honneth, *Reification: A New Look at an Old Idea*, translated by Joseph Ganahl, New York: Oxford university press, 2005。

认"（Anerkennung）态度。而在接下来的章节中，霍耐特则一步步从不同面向，阐释理性的共同生活的普遍根基，正是此种"承认"态度。

三、承认先于认识

虽然说，借海德格尔跟杜威，霍耐特能够开始在新的脉络下，探讨人类本然的实践态度为何，并开始以此建立"物化"批判的规范性基础，但霍耐特指出，这在论述上仍不充全，因为"海德格尔与卢卡奇在界定各自的实践概念时，都认为实践既包含人与他人的互动，也涵盖其他一切外在环境"（见本书第26页）。此处霍耐特未明言的，乃是哈贝马斯主体际哲学转向以来的核心的问题。主体际哲学转向之后，普遍皆同意，人的自我是在社会互动中形成的，而他人对个体的发展，有建构性的根本意义。虽然借海德格尔跟杜威，使我们能够设想，人的所思所为，总是内蕴着情感上对他者的挂念跟实践关怀，然而，此处"他者"的内容却是不确定的，在概念上，尚无法以一种与"物"区别的方式，说出人（Person）所独具的、对于另一人所具有的建构性跟规制性的意义。简单地说，仅以海德格尔跟杜威的哲学和语汇，尚无法反映晚近的理论发展，而在主体际哲学的基础上说明承认态度先在于一切行为。也因此，在第四章，霍耐特遂将视野转向了当代，在内容上，则由哲学扩展至发展心理学。

　　需要一提的是，霍耐特以承认理论所代表的主体际哲学，取代卢卡奇时代中仍盛行的观念论主体哲学预设，此一主轴在书中的开展，主要又着重于认识论的层面。也就是说，霍耐特不仅要指出"承认"是普遍先在的态度，亦强调"承认先于认识"。他所回应的，乃是在卢卡奇所开启的物化批判传统中，社会批判与认识论批判相辅相成的做法。卢卡奇相信，"对象化"的思维方式，会强化商品与劳动的可交换性、导致社会关系的物化；霍耐特则反问，所谓"客观的""视他者为对象"的"情感中立的"态度，是不是真的必然会促成一种视他人为物的倾向？霍耐特并不同意此种看法，为了证明，即便在卢卡奇强烈批判的主客认识形式中，也有"承认关系"先在，霍耐特在第三章分别引用发展心理学与卡维尔的观点，就幼儿智力发展与沟通中的语意理解两方面，说明承认在何种意义上先于认识。

1. 爱与观点认取的能力

　　法兰克福社会研究所自建立初始，便采跨学科研究的取向，我们不应忽略，对于其他学科之开放，并将其融入自身思路，也是霍耐特哲学的重要特质。对霍耐特而言，哲学或社会理论，不应自外于相关经验研究；在他的哲学发展中，社会学、社会心理学、精神分析理论等，皆扮演重要的角色。而此书中，霍耐特则进一步将当代霍布森与托玛塞罗的发展心理学，引入承认理论。然而，受限于演讲篇幅，霍耐特在书中仅能精简点出其中关键的部分，这使得抱持"纯哲学"阅读习惯或预设的读者，常忽略此脉络于全书的重要性，甚或因此造成基本的误解。笔者认为，当我们对霍耐特主要引据的霍布森（Peter Hobson）《思想的摇篮》（*The Cradle of Thought*：*Exploring the Origins of Thinking* ）[1] 一书中的研究内容，有较深的认识时，会更充分理解霍耐特此书核心的主张，即："承认"最基础的意义，就是人与人之间的情感联系与呼应，而这甚至是客观认知能力的前提。[2] 也因此，以下将较完整地说明霍耐特所援引之内容。

一般认为，掌握自然对象所需的客观认知能力，其形成和人际情感互动毫无关系；且此种知识所追求的，也正是去个人化的普遍有效客观性。（如康德在第一批判中，是以机械之喻来想象客观认知能力运作，此想象在今日也非例外。）倘若我们不将此种理性运作方式预先贬抑评价为"工具理性"，所谓"客观"认识的最基础的意义是，认识者能够以不纯然主观的态度看待事情或外物。例如，一张桌子的存在与否，并不取决于我，不会因为我不观看，就证明它不存在。任何在知识论上，与康德有类似想法者，或许皆不会认为，这种基础的客观认识能力，会与幼儿和照护者之间的情感交流经验相关，而这也就是霍耐特引用霍布森理论的重点。霍布森以具体的情境，解释了人类幼儿如何借情感认同，习得将对象客观化的能力：当小于九个月的幼儿，接触到陌生的事物时，幼儿会依直觉而

[1] Peter Hobson, The Cradle of Thought: Exploring the Origins of Thinking, Oxford: Macmillan, 2002.

[2] 下段所综述简介的，主要是霍布森上述书中第四章第 95—122 页内容。

反应；即便是一个无害的玩具，当幼儿直觉感到惧怕时，他不会因旁人的态度而转变态度。也就是说，在此初期发展阶段，幼儿并不真的"自由"，因为他受限于自身的任意性。然而，大约九个月开始的时候，在结构同样的实验中，幼儿的反应方式会出现显著的不同：当遇到不确定的对象物时，幼儿会将目光转向母亲或重要照护者，若重要照护者显出的是鼓励或愉快之态度，则幼儿会转变原先的反应方式。这个极微小的动作，在发展心理学上却有重大的意义：它反映了幼儿与特定照护者之间，已建立起的实质信任与情感联系，而这使幼儿能获致一种关键的"观点认取"的心理能力。即，与初期不同，幼儿此时不再受限于自身的单一观点（如霍布森引用皮亚杰所说，若仅能有一个观点，那么这其实称不上"观点"），而会因为情感上对他人已有的"承认"，不仅察觉到不同的人对同一物事会有不同的观看与反应方式，而更会借模仿（imitieren）所爱之人，调整自己的观点。霍布森在书中指出，"想"这一能力，其最基本的意义就在于能从一观点移动到另一不同的观点，而此种知性观点灵活移动的能力，最初唯有借着反复练习心灵的移动，才能形成。并且，最重要的是，此种心灵的移动与观点的转换，不可能由幼儿独立习得，而只能是"透过他人"助成：是与照护者之间的爱与信任，才鼓励吸引幼儿跨出自我中心的局限，了解到对于现实存在着种种并陈的不同观点，唯有至此，客体才真正成为独立存在且能与他人共享的"客体"。简言之，客观认识的根基，乃是情感性的社会互动。霍布森的理论，在个体发生学上，可说强有力地支持了霍耐特"承认先

于认识"的论题：情感上的承认，乃是智性发展之前提。再更
进一步而言，我们不难理解，心灵借他人而获得的观点认取的
能力，其意义远不只在认识客观对象这个层面上，而是人与人
之间彼此沟通与道德关系的根本基础。任何人若要与他人共同
谈论某事物，则必须有能力想象，事物的意义能从许多不同的
立场被发掘、被诠释，而不会只取决于我。只有当我们不是封
闭在自己的单一视域时，才有可能以开放的态度，与他人进行
理性沟通，在社会关系中，设身处地理解他人处境。

在提出发展心理学的论述后，在第三章的第二部分，霍耐
特则进一步指出，"承认"在概念上也具有优先性，亦即情感
上的相互肯认，不只是幼儿最初理性发展的前提，也是人际沟
通之普遍前提。霍耐特在此引证的是卡维尔关于人能不能够确
切"知道"他人心灵跟感受的讨论。卡维尔的例子是，当一个
人说，我感到痛，而另一个人回复"我知道你感到痛"时，此
处的"知道"是不是有确定性。卡维尔主张，此处涉及的其实
并非认识问题，因为第二人借语言陈述所表达的，并非认识上
的确证，而是对第一个人感受的呼应与肯认。霍耐特认为，卡
维尔称为"承认"的"同情共感"的态度，即对他人的情感的
受纳与回应的能力，乃是理解他人语言内容的普遍前提。[1]

---

[1] 值得附带一提的是，当霍耐特援引霍布森与卡维尔，指出情感的联系与呼
应是早于认识活动，而使认识活动得以可能的条件时，同时也对比地显出
了霍耐特与哈贝马斯关于"主体际性"的一项主要差异。即"承认"概念
能够阐明，主体际的社会互动里，有深层的情感性质。同样是在此意义上，
霍耐特在此章批评对幼儿社会化过程采取"过度偏向认知主义"的观点，
认为"在这些发展心理学的理论中……儿童与照护者关系中的情感层面在
相当程度上被忽略了"（见本书第 36 页）。

2. 承认的存在模式

熟悉霍耐特承认理论的读者，至此或许会注意到，霍耐特在此书所探讨的"承认"的内容，和他自 1992 年《为承认而斗争》一书（*Kampf um Anerkennung*）[1] 中所探讨的承认关系不尽相同。在第三章末的脚注中，霍耐特点出了这一差异，或说他在承认理论发展上，更进一步指出："相较于我至今为止对承认问题之研究，此处涉及的乃是一更为根本的承认形式。今日，我相信承认的此种'存在'模式（Der existentielle Modus der Anerkennung），乃是所有的其他的、较具实质内容的承认形式的根基，在这些其他形式中，我们所肯认的乃是他人某些特定的特质与能力。"（见本书第 47 页）此脚注对于理解本书，以及理解"承认理论"自身之发展十分重要。此处所谓其他"较具有实质内容的"承认形式，指的是霍耐特借黑格尔和米德的社会心理学，区分出三种根本的主体际相互承认形态（爱、法权与团结），并将社会秩序的发展理解为此三种承认形式不断制度化的过程。然而霍耐特在此书中，以"挂念""互动""共感""情感联系"所指出的，却与上述三类的承认不同，而是一"更根本的"事实：不论与我互动的他人，其说话的内容是否不被我承认，甚或引起的是我的负面回应（或如霍耐特所说，甚至当我们"咒诅或怨恨"着他人），也不论（各不同精神分析学派所各自主张的）婴儿对母亲的关系是否充满矛盾

---

[1] Axel Honneth，*Kampf um Anerkennung：Zur moralischen Grammatik sozialer Konflikte*，Frankfurt am Main：Suhrkamp，2010.

或爱恨交织，这些在"较具实质内容"之层面上对他人的不承认，不仅不抵触，反而正说明霍耐特在此理论进展中，所要呈现的事实：自然而言，人无法不回应他人之为人。虽与三种具有实质肯定意义的承认形式相较，这种人与人之间的联系与呼应所展现的"承认"仅有最微薄的内容，然而，在上述论据支持下，霍耐特深信其有着关乎所有人类存在的普效性。随着霍耐特自身的理论持续发展，霍耐特益加强调前述三种形式的承认乃是各不同社会文化的历史产物。然而，与此相较，本书中所讨论的这种承认，对霍耐特而言，却始终具有超越文化差异的普全的意义。[1]

　　行文至此，我们可以看到，霍耐特此篇演讲，其实有着两根同样重要且互相交织的主轴：霍耐特并不是要以一"已完成"的承认理论，来重启物化批判，而更是就物化议题，开展自身的承认理论、开拓出"承认"更深一层的意义。也由于考虑此并存的两根主轴，在翻译德文原文为 *Verdinglichung：Eine anerkennungstheoretische Studie* 的书名时，采取了《物化：承认理论探析》这样的译法，除语意上贴近德文外，且不强调德文主副标题间的主从关系，使两主题读来如并列。希望此译法能不限制，或有助于我们在阅读时，注意到作者的双重动机，或进一步思索两者之间，究竟如何相互关联。

---

[1] 曾有学者在与霍耐特的讨论中，区分"谓属性"（attributive）与"回应性"（responsive）的承认。"回应性"这一概念，很适于描述本书阐释的深层的承认关系：人与人之间自然而然的情感联系与相互回应。参见："Symposium on Axel Honneth and Recognition Grounding Recognition：A Rejoinder to Critical Questions"，*Inquiry*，2002（45），pp.499—520。

四、人际承认的延伸：承认自然

对霍耐特而言，"承认"的根本意义，乃是人与人之间的情感联系与肯认，但承认态度的展现，却不仅限于人际之间。霍耐特在此讲座中指出，承认态度，也可延伸到"人与自我"和"人与物"的关系。

霍耐特将"承认优位"的论题延展至人际关系外，呼应着卢卡奇原文中的观点，但相较于当今一般对承认理论的讨论，则显得特出。而其中，谈人与物之间的承认，或又更易引起评议。例如弗雷德里克·诺伊豪瑟（Frederick Neuhouser）在对此书的书评中便指出 [1]，霍耐特将承认概念用在"人与物"和"自我关系"这两个面向令他惊讶，因为这不只会使得"承认概念"的涵盖太广泛，最主要的问题是，如此一来承认概念就不再指严格意义下的主体际关系，也因此，若要扩展承认关系的范围，最多也只应到"自我承认"的层面，因为自我毕竟仍是主体，谈论一种对物的承认，则是有疑义的。

如先前提到的，霍耐特在从海德格尔、杜威的哲学资源转向发展心理学时，最主要的哲学理由，就是要以真正意义下的主体际哲学，为"物化"批判提供规范性基础。也因此，诺伊豪瑟的惊讶其实并不令人惊讶，因为其反映的，同样是主体际转向以来，哲学所保有的警醒，避免讨论再次落回观念论的主

---

[1] Frederick Neuhouser, "Review: Axel Honneth: Verdinglichung", *Notredame Philosophical Reviews: An Electronic Journal*, 2006. 03.07, https://ndpr.nd.edu/news/24979-verdinglichung/ 最后查询日期: 2017.2.14。

对客的范式。霍耐特显然清楚意识到，探讨"对物的承认"容易涉及诺伊豪瑟上述提及的问题，所以在行文中，一再表达出对此议题的谨慎态度。

可以说，霍耐特在此面对着双重的要求：一方面必须清楚保持此区别，即对人而言，物与人在伦理意义上的意义不同等，但另一方面，却也不忽略，人不是仅生活于人际世界中，非人类的自然存有也对我们具有伦理意义。霍耐特因此在书中指出，理论上确实无法证明，人对于物总会有一种，如同对人一般的，自然而然的相系相应之感，基于此种不对等性，我们难以宣称，不以挂念或"承认"的态度对待物，必然会"毁损社会实践的必要前提"（见本书第 58 页）。但他同时引阿多诺哲学，阐明无生命之物不仅只是物体，而且总是留存了我们对人与历史的记忆。也就是说，霍耐特在此的取径乃是一种间接论证：自然以及物质存在确实能是承认的对象，然而，此种"承认"关系，应理解为社会承认关系的延伸，是经由我们对人的爱所中介的。也因此，虽说"物"不能如人一般，怀有或回应任何态度，然而它们却承载了他人所赋予的意义与价值，以无情感的态度对待物，亦是间接地破坏着伦理关系。

在此可以见到，霍耐特显然是有意地，要把主体际社会哲学里难以讨论的人与物的关系，重新纳入当今批判理论。从大自然环境及至无有生命的物品，若它们对于我们所承认之人具有意义，那么它们也是个人生命史以及我们生活世界的一部分，而只以冷漠与全然工具性的认知或利用态度，对待这些人类以外的存有，亦可被批评为一种"物化"。

五、承认未知之自我

除了人对物的承认，在本书中，霍耐特还提出了颇为特殊的"自我承认"的想法，他以承认态度说明人的自我关系。他认为，在一般的情况下，人内在对自我有着一种自然而然的肯认态度。与讨论前两种（人对人、人对物）关系不同，霍耐特在此是借着批判两种常见的"自我物化的模式"，亦即两种错误的自我关系，以反面对照的方式，阐明日常生活里实然的、非扭曲的自我关系。霍耐特在此处较少从正面描述的原因之一，或许在于，他在其他的著作中，已经多方深入阐释此处的主要预设：亦即我们必须正视并珍视精神分析（psychoanalysis）这一领域百余年来，对自我关系以及心灵之社会性的丰富研究。在一篇以物化为主题的访谈中，霍耐特曾非常简明扼要地，说出精神分析在社会哲学中的意义："精神分析里的一个要素是，精神分析十分怀疑有完全理性的主体。精神分析属于一类思想传统，它帮助我们见到，人不仅仅是被目的明确的理性兴趣所驱动，而同样也会被潜意识的愿望所驱动"[1]。换句话说，社会哲学与批判理论，若要探讨社会现象

---

[1] Jensen Suther, "On becoming things: An interview with Axel Honneth", *The Platypus Review*, 2013.09.（59），http://platypus1917.org/2013/09/01/on-becoming-things-an-interview-with-axel-honneth/ 最后查询日期 2017.2.14。

的深层意义，不仅仅需诠释参与其中的社会成员外显的语言与行动，也需试着理解其（未明确表达出的或受限甚至受迫而无法表达出的）心理的需求与感受。[1]

正由于霍耐特是以深及潜意识之精神分析为主要理论根据，他在此就"自我承认"所探讨的，是一种非常隐微，但却是时时刻刻伴随着我们内在活动的态度。如他所描述的："心灵状态之内容多半混杂且极不确定，无法被轻易地确切掌握"（见本书第 68 页），我们会"一再为自己的内心状态感到惊讶，它们有时显得如此陌生与晦暗"（见本书第 71 页）。而"自我承认"或"自我物化"态度最初的作用之处，就是当这些混沌不清的感受或愿望浮现的瞬间，主体未必自觉的回应的方式。以精神分析为据，霍耐特相信在健全发展而未受社会因素扭曲的情况下，人普遍有着和自我互动、与自我对话的愿望：内在的陌生感受与愿望，会引起的，应是一种诠释与表达的理性兴趣。霍耐特强调，这种对自己内心世界怀有的开放而好奇的承认态度，并不是一种伦理理想、不是对某种应然状态的勾勒，而是人类心理之"实然"普遍状态。也正因承认自我的态度乃是普遍之实然，我们亦能以此为据，判定某些对待自我的方式乃是受到扭曲的。这类扭曲的自我关系，不仅只有私人意义，而且应被视为其所处社会不健康之指标：导致这类自我关系的社会制度乃是偏误而需被矫正的，因为它们限制了人类本有

---

[1] 第一代法兰克福学派亦同样以此为批判性社会分析的原则，阿多诺、弗洛姆，马尔库塞，都深入整合了哲学、社会批判与精神分析。阿多诺在美国参与的大型社会心理学研究计划 The Authoritarian Personality，即为此中代表。

的，理性自我发展的能力与兴趣，毁损了个体自我实现的必要前提。

霍耐特在书中指出了两种错误的与自己相处的方式：一种为"侦探式"的自我关系、一种则是"建构式"的自我关系。两者可以说各代表一种极端，却同样无法以"共感参与"的态度面对自我，而有着将心灵内在视为非互动对象的、如"物"一般的倾向。其中，"侦探式"的错误在于，它以为内在状态像是某种完成品、仿佛我们不须借反思及表达的努力过程、逐步整合自我；或说其不明白"自我"并非某种不变动之物，而是需要诠释与表达活动的支持。另一种"建构式"的自我关系，代表另一极端，以为自我的心灵内容可以全凭意志与语言谓述而构造。此种对待自我的方式，之所以错误，因为它并不理解，或说拒绝承认人类心灵有会受伤害毁损的本质，有其自主创造或修补的极限。（如霍耐特在探讨关乎情感的、法权的、个体价值上的承认时，曾指出，社会关系中相应的各种蔑视与伤害，如何根本地毁损人的自我关系。）建构主义对己的态度，也同样否定了自我的需求，压抑阻断了与自我的对话。在此两类观点中，主体的愿望、感受或心灵可损性，都不能被一种开放的对待自我的态度，"承认"为某种未能穷尽的、有待理解的东西。

六、对承认之遗忘

霍耐特在此书中关于"承认优位"的三方面论证，不仅是为了提出描述性的理论内容，其最终的实践目的，是要为诊析社会病态的社会批判建立可信的规范性基础。在一步步建起新的基础后，在演讲的最后，霍耐特修订了卢卡奇将"对象化"等同于"物化"的想法。虽然卢卡奇以主客认识关系作为物化批判之根据，确实指出一重要的事理，即，抽象容易导致简化，而简化容易导致轻视。然而，霍耐特在此篇演讲中提醒着我们，"构成社会互动肌理的，并不是认知活动的素材，而是各种承认态度之实料。"（见本书第 45 页）认知活动仅是社会生活的一个层面，而其与普遍的人际承认之间，内在有着（个体发生上的、概念上的）先后之联系。所以，霍耐特认为，从事"对象化"的认识活动，不等同于"物化"，而是只有当此种认识活动，或任何其他的实践活动，会迫使社会主体截断自身与先在的承认之间的关系时，只有当某种活动与原初的承认关系之间，双向流通充实的可能性被阻断时，才会出现"物化"的倾向。

正因人类本然的处世态度，是共感与互动的承认关系，霍耐特于是在此书中，将"物化"重新定义为对"承认之遗忘"。虽然，"遗忘"，不论在德文还是中文，乍看似乎都像是一个很"轻"的批判词汇，然而，若我们同意霍耐特在此书中所提出的关于原初承认关系的论证，或从自身日常观察出发，想想每个人都曾见过的，幼儿对人自然而欣然的关注与回应，那么我们将能设想，要"遗忘"深植于人与人之间的相应相系的感受，及至待他人如无生命"物"之程度，实需经过一种极为扭曲人之社会性本质的过程。若辅以精神分析之洞见，即深度的"遗忘"常是透过内在机制强力介入压抑而致,甚至是内心世界变形的结果,那么,以"承认遗忘"作为一种社会批判之范畴,期望辨识出所处社会中易使人倾向于"遗忘承认"的因素、预见其对个人可能造成的损害与扭曲,实有深切的社会实践意涵。

霍耐特在最后,分别就"人际之间的物化"以及"人对自我的物化"两面向,探讨了可能的社会成因。霍耐特在此处并无确切之定论,而是试探性地寻找接续而能建立社会批判范畴之方式。他推测,易导致"人际之间的物化"的社会因素,或为某类实践活动本身,其过度强化单一目的或利益,甚至脱离法律对他人人格的最低限度之保障。又或者是更加上某些强烈刻板化他者的意识形态信念体系之催化,使人失去感受力,变得无力设身感受他人处境、认取他人的观点,因而对待他人如某种无生命、无人格的存在。关于"自我物化",霍耐特则根据先前的分析,推测当某种社会建制结构性地迫使参与其中的主体,无法与自己内在的愿望保持一种开放的诠释或表达关系,就有可能造成一种普遍的社会病态。他举特定的职场面试模式和网络伴侣配对为例,指出这些极度强调自我展示、自我销售的社会建制虽然不一定会造成自我物化,但它们确实有某种阻碍良好的自我关系的共同特质。乍看之下,这些社会现象并不一定违背法律与正义原则,但也正因如此,其所造成的个人之内在扭曲或隐性的痛苦,或更难以觉察,久而久之,甚或可能助长或导致难以想象的,对他人无同情之暴力。也因此,社会批判,作为一种"社会病理学"所应做的,即是"在各种行为与机制中，寻找那些系统地导致或强化承认遗忘的社会成因"（见本书第 80 页）。

由霍耐特最后的社会分析，回顾其整体论述，可以清楚见到，霍耐特延续了批判理论的整体积极精神，他以"承认"关系先在，提醒着读者，共同的理性社会生活的基础，实然存在，社会病态导致的"物化"，理论上有着透过批判介入得以改变之可能。而要使原初的承认不被遗忘，在现实中矫正社会之病态发展，就是社会批判应致力之处。

* * *

此中文译本是根据 2005 年于德国苏尔坎普（Suhrkamp）出版的德文版所译。在翻译过程中，也间或参考比较了英译本。译者感谢霍耐特在法兰克福仔细回答了我在翻译中遇到的问题，在讨论的过程中，尤见作者书写时的缜密思维。此书原为演讲稿，霍耐特的论述精要而多层次，上述导言，仅是译者将自己阅读时曾有的种种提问，与日渐理解的过程，作一梳理，供读者参考。

借此机会，也感谢数位在翻译过程中予我建议的学者朋友。此书韩文版的译者 Kang Byoungho 博士，慷慨提供了他先前翻译时制作的德文勘误表。在翻译初稿完成后，有幸受何乏笔（Fabian Heubel）教授邀请，于 2015 年初于中国台湾"中央研究院"就此书进行演讲，此篇导言即为当时讲稿修订而成。林远泽、钟振宇、刘沧龙、黄圣哲等诸位教授在翻译上的建议，以及林远泽教授、赖锡三教授分别从儒家与庄子哲学角度对"物化"问题的跨文化阐释，皆使我获益良多，谨此致谢。最后，也对台湾"中研院文哲所"何乏笔教授，表达衷心谢意，何教授不仅促成此书之翻译，更在此议题上，多次开启哲学对话，作为译者，能参与并亲见一作品引发之思想与文化交流，实为可贵的经验。

所有的物化都是遗忘。

——［德］霍克海默 ［德］阿多诺《启蒙辩证法》

知识终究是奠基于承认。

——［奥］维特根斯坦《论确定性》

前　言

　　本书是我今年三月于伯克利大学田纳讲座（Tanner-Lectures）讲稿的编修及扩充。撰文时我有意借演讲的机会，重塑一个重要的西方马克思主义论题，使伯克利倾向分析哲学的听众，亦能理解此论题的理论概貌及其迫切性。当然，我也试着以承认概念充实这深植于批判理论传统且迄今未被超克的物化议题。若我没有错读听众的反应，这一为法兰克福与伯克利架起桥梁的尝试应堪称成功。尤其是三位受邀评论演讲的回应人：茱蒂·巴特勒、雷蒙·高斯、乔纳森·李尔极为殷切与机敏的批评使我相信，他们是带着善意与兴趣聆听我的论述。对评论人所提出的诸多建议，以及我在法兰克福从拉赫尔·耶基与克里斯多福·从恩得到的提示，我都尽可能地在此编修的版本中回应。我感谢他们给予原稿的热忱批评。苏尔坎普出版社的伊娃·吉尔玛倾力使此讲座得以尽早出版，对于她所投注之心力，我也致上诚挚的谢意。

阿克塞尔·霍耐特

2005 年 5 月于法兰克福

导　论

〰〰〰〰〰〰〰〰〰

　　在 20 世纪 20—30 年代的德语世界中，"物化"概念乃是社会文化批判的核心议题。如同凹面镜一般，物化和其他相邻的概念聚焦了魏玛共和时代的历史经验——日益攀高的失业率与经济危机，迫使社会关系日渐趋向以功利盘算为目的，昔日对物之工艺的珍视，也被仅着重工具利用的态度所取代。就连最内在的主体经验都无可避免地透露出冷漠算计的气息。然而这惘惘不明的时代氛围，一直到一深思而警醒的哲学家以"物化"统称之，才得其语汇。这哲学家便是卢卡奇。在 1932 年出版的论文集《历史与阶级意识》[1] 中，卢卡奇借着大胆融合马克思、韦伯与西美尔著作中的主题，成功塑造了此一关键概念。《历史与阶级意识》承载了卢卡奇当时对即将到来之革命的企盼，全书重心在于一篇由三部分组成的长文《物化与无产阶级意识》[2]，这篇文章触动了一整代的哲学家与社会学家，将当时社

[1] Georg Lukács, *Geschichte und Klassenbewußtsein* (1923), in: Werke, Band 2 (Frühschriften II), Neuwied und Berlin 1968, pp.161—518.

[2] Georg Lukács, "Die Verdinglichung und das Bewußtsein des Proletariats", pp.257—397.

会关系所造就的生活形式视为社会物化的产物，并以此观点进行解析。[1]

　　然而，二战之后，"物化"作为时代诊断（Zeitdiagnose）中最重要的范畴，渐渐失去了重要性。或许是纳粹种族屠杀造成的文明断裂，使得所有带有揣想夸饰意涵的社会诊断皆顿失力量。社会理论家与哲学家转而探讨民主与正义何以失效，而不再引用那些分析社会病征的概念如物化或商品化。尽管这些概念仍可见于法兰克福学派，尤其是阿多诺的著作中，且卢卡奇的思想曾在60年代末的学生运动中一度复兴[2]，然而整体而言，物化分析似乎终究随着时代趋于没落。任何对物化的谈论，听来都像某种可疑征兆，仿佛思虑还滞留在一个过往的文化时代，而此文化时代在历经了战后时期及各种文化改革和理论更新之后，已失去其正当性。

　　一直到最近，才又出现了种种迹象，显示情况或许又将有所改变。"物化"像一个哲学上未经琢磨深究的大块思想，忽然从魏玛共和的深水重现，重新回到了理性论述的舞台。而之所以我们会认为，时代诊断近来在走向上出现转变，主要是凭据三到四个可见的征兆。其中的第一个征兆尚不十分显

---

[1] 参见 Martin Jay, "Georg Lukács and the Origins of the Western Marxist Paradigma", in: *Marxism and Totality. The Adventures of a Concept from Lukács to Habermas*, Cambridge 1984, 第2章；Andrew Arato/Paul Breines, *The Young Lukács and the Origins of Western Marxism*, New York 1979。

[2] 参见下列具有代表性之著作：Furio Cerutti 之研究及其书 *Geschichte und Klassenbewußtsein heute. Diskussion und Dokumentation*, Amsterdam 1971（Schwarze Reihe Nr.12）；*Lehrstück Lukács*, Jutta Matzner, ed., Frankfurt/M.1974。

著，就是近来陆续出现了许多新的中长篇小说，这些小说呈现出一种意韵氛围，显示我们的日常生活如何被悄然地经济化（konomisierung）——不论是小说的文风或所选用的词汇，皆如同一种文学的见证，在它们的观察下，社会世界的居存者像是面对无生命之物一样面对自己与他者，仿佛既没有丝毫的内在感受，也无意设身处地理解他人的观点。不论是美国的雷蒙·卡佛、哈洛·布洛奇、还是惊人无涯的法国作家韦勒贝克，或德语作家艾芙烈·耶利内克和西尔克·朔伊尔曼 [1]，他们的作品都可归入此脉络。

相较于在文学叙事作品中，物化还只是呈现为一种氛围，在新近的社会学分析中，物化指的则是在人类行为形式中所发生的变化。近来许多文化社会学与社会心理学研究皆发现一种日益加剧的倾向，就是主体会出于利害机宜之考虑，长期假装自己拥有某种感受或愿望 [2]，及至久而久之，主体真的将这些感受或愿望经历为自己人格个性一部分。当卢卡奇将新闻工

[1] Raymond Carver, *Würdest du bitte endlich still sein，bitte. Erzählungen*，Berlin 2000；Harold Brodkey，*Unschuld.Nahezu klassische Stories*，Reinbek bei Hamburg 1990；Michel Houllebecq，*Ausweitung der Kampfzone*，Berlin 1999；Elfriede Jelinek，*Die Klavierspielerin*，Reinbek bei Hamburg 1983；Silke Scheuermann，*Reiche Mädchen. Erzählungen*，Frankfurt/M.2005. 在所有这些文学作品中，对"物化"之觉察皆与对异化现象之观察不可分。拉赫尔·耶基对同样源自马克思传统的"异化"概念有极佳之分析：Rahel Jaeggi，Entfremdung. *Zur Aktualität eines sozialphilosophischen Problems*，Frankfurt/M. 2005。

[2] Arlie Russel Hochschild 已成经典之研究：Das gekaufte Herz. Zur Kommerzialisierung der Gefühle，Frankfurt/M. New York 1990。

作比喻为一种对"自身经历与信念"的"娼卖"[1]，并视之为社会物化的极致表现时，他所指的也就是这种对自我情感的操控。

　　然而不论是对于情感管控的社会学诊断，或是对只重实际效益操控所造就之冷漠氛围的文学纪录，"物化"概念都还只是隐含在文中而未被明言。在使我们相信物化论题如今再度复苏的第三类的文本中，则有所不同。那些或曾引动卢卡奇想法的社会现象，在最近的伦理学与道德哲学中亦成为理论探讨的主题。这些讨论虽不直接引用卢卡奇的原文，但却明确地援引"物化"概念。例如玛莎·努斯鲍姆在近作中，用"物化"指称某种将他人视为工具的极端的对待方式[2]；又或者如伊丽莎白·安德森虽不用物化一词，但她所探讨的生活处境的经济式异化，却一再体现了物化的现象。[3]在这些伦理学脉络下所谈的"物化"，有着确切的规范意义，它指的是损害道德或伦理原则的人类行为，亦即，一种不符于其他主体所具有的各种人之特质的、将他人当作无感受无生命之客体、当作"物"或"商品"的对待方式。而今日不论是对代理孕母日渐增高的需求、爱情之商业化或是性产业的兴盛发展，都是此种

---

[1] Georg Lukács, "Die Verdinglichung und das Bewußtsein des Proletariats", p.275.

[2] Martha Nussbaum, "Verdinglichung", in：Konstruktion der Liebe, *des Begehrens und der Fürsorge. Drei philosophische Aufsätze*, Stuttgart 2002, pp.90—162.

[3] Elizabeth Anderson, *Value in Ethics and Economics*, Cambridge（Mass.）1993，尤其是第7、8章。

界定所涉及的经验现象。[1]

最后，我们还能指出第四种脉络，显示"物化"范畴如今再度被用来凸显特定的社会趋势。在近来关于脑部研究之各种结果及其社会影响的讨论中，经常可听到下述批评，即，以纯自然科学的思考方式来讨论相关问题，本身就隐含了一种"物化"的态度。此批评的主要立论在于，任何仅借脑神经元之燃动来解释人类情感与行动的企图，皆抽离了生活世界之知，而将人类视为无主体经验的机器、视为物。与先前在伦理学讨论中所提及的相似，在这个议题中，人们援引物化概念是为了指称某种对道德原则之损害。当神经生理学无视于人之为人的特质时，便会被视为是一种"物化"。[2]在这两类脉络中，"物化"概念——就其暗指对象"仅为物"而言——所隐含的存有论意义，仅是次要而边缘的——某种"物化"他者的行为之所以被视为可议的或错误的，是因为它们违背了某些道德原则，而不是因为它们违背了人类日常行为本身的存有论前提。与这两类脉络不同，卢卡奇则相信，进行物化批判可以不需援引伦理原则。因此，卢卡奇在其文章中乃是以字面之原意使用"物化"概念。这是因为他相信，当社会实践行为悖于特定的存有论事实时，就能够被界定为"物化"。

---

[1] Stephen Wilkinson, *Bodies for Sale*: *Ethics and Exploitation in the Human Body Trade*, London 2003；亦参见 Rahel Jaeggi 综述之论文："Der Markt und sein Preis", in：Deutsche Zeitschrift Philosophie, 47/6（1999）, pp.987—1004。

[2] Andreas Kuhlmann 之文章即采取此方向："Menschen im Begabungstest. Mutmaßungen über Hirnforschung als soziale Praxis", in：*WestEnd. Neue Zeitschriftfür Sozialforschung*, 1/1（2004）, pp.143—153.

尽管卢卡奇避免使用任何道德词汇，但他的物化分析显然具有某种规范性内涵，毕竟对"物化"一词的采用，本身就已经含有某种预设："物化"所描绘的现象，必然是某种"真正的""正确的"处世态度的缺误。就像卢卡奇会理所当然地预设读者会认同他的分析，认为对既存社会现状的革命性改变具有历史必然性。这类未明言的主张并不属于论证的内容，而是处在更深一层的理论层级作为证成其他相关价值判断的根基。这是因为对卢卡奇而言，物化指的并非违背特定道德原则，而是人类在实践活动或预设态度上的偏误，而这些实践或预设态度乃是构成人类生活形式之合理性（Vernünftigkeit unserer Lebensform）的根本基础。[1]也就是说，当卢卡奇批判资本主义物化了我们的生活处境时，其论证仅具有间接的规范性质，因为他论证的根据，乃是社会存有论或哲学人类学中描述性的要素，而后者所试图掌握的乃是人类存有之根本的理性基础。就此意义而言，卢卡奇的物化分析可以说是对于生活实践之病变（Pathologie unserer Lebenspraxis）的一种社会存有论的解释。[2]至于我们

---

[1] Charles Taylor 即采取此种"较深层的"、此处称之为"社会存有论的"批判形式：Charles Taylor, "Explanation and Practical Reason", in: Charles Taylor, *Philosophical Arguments*, Cambridge（Mass.）1995, pp.34—60。关于此论题之综论，亦参见 Axel Honneth, "Pathologien des Sozialen", in: *Das Andere der Gerechtigkeit. Aufsätze zur praktischen Philosophie*, Frankfurt/M. 2000, pp.11—69。Christoph Demmerling 作为近年来唯一一从语言分析之角度重新探讨物化概念之尝试: *Sprache und Verdinglichung. Wittgenstein*, *Adorno und das Projekt der kritischen Theorie*, Frankfurt/M. 1994。

[2] Axel Honneth, "Eine soziale Pathologie der Vernunft. Zur intellektuellen Erbschaft der Kritischen Theorie", in: *Sozialphilosophie zwischen Kritik und Anerkennung*, Christoph Halbig/Michael Quante, eds., Münster 2004, pp.9—32.

今日是否能采用卢卡奇的取径，借社会存有论的见解来证成对特定生活形式的批判，还是一个有待探讨的问题。在此我们仍完全不清楚，在今日社会对于策略计算行为的高度需求下，使用"物化"概念，究竟是否还能表达出某种内在一致的思路。

第一章 卢卡奇的物化概念

　　若要厘清物化这个概念今日是否仍堪用，我们需先检视卢卡奇经典的分析。而我们很快就会发现，尽管卢卡奇对于物化生发的现象学描述大多十分准确，但由于他缺乏范畴分类工具，以至于无法将这些生发的过程适当地概念化。当卢卡奇在著作第一页就承继马克思而宣称，物化是指"人与人之间的关系具有物之性格"时[1]，他主要是借着将我们对此词的日常理解存有论化，来定义此概念。就此最基本的形式而言，"物化"显然涉及一认知的过程，在此过程中，某种不具有物之性格者，如关乎人者，被视为物。但在此还不是很清楚，卢卡奇指的物化是否单纯只是认知上的范畴分类错误，还是道德上可谴责的行为，又或其指的是一种彻底扭曲了的实践形式？但我们只要往下读几句就可知道，卢卡奇显然认为物化不仅只是一种范畴错误。因为物化的生发具有繁复的层面与久存之特

---

[1] Georg Lukács, "Die Verdinglichung und das Bewußtsein des Proletariats", in: *Geschichte und Klassenbewußtsein* (1923), Werke, Band 2 (Frühschriften II), Neuwied und Berlin 1968, pp.257—397, 此处见第 257 页。关于卢卡奇之物化概念参见 Rüdiger Dannemann 全面性之研究: *Das Prinzip Verdinglichung. Studie zur Philosophie Georg Lukács*, Frank furt/M. 1987。

质，不可能只以认识上的误解解释之。在卢卡奇看来，物化现象之普遍化与常态化的主要社会原因，乃是在于商品交易的大幅扩展。随着资本主义社会日益巩固，商品交易成了主体际行动中的主导模式，而一旦主体开始用交易等值商品的方式来处理他的人际关系，他就迫使自己置身于一种物化之处境，因为他不再能够以非自利算计的观点，来看待既与情境中的构成要素。这种迫使而然的观点变换，其影响遍及许多方向，卢卡奇视之为物化之数种形式：在商品交易中，各主体不得不共同地（1）只以物之潜在的可利用性，来看待眼前的对象物；（2）在面对他人时，仅将之视为有利可图之相互关系中的客体；（3）将自己的能力仅视为一种估算获利机会时增值之资源。卢卡奇将所有这类对客体世界、对社会、对自我之关系的态度转变一概称为物化，而未处理这三者间细致的区别。不论是被量化的客体物、被工具利用的人，或是只就其经济价值而被笼统看待的自身能力与需求，在卢卡奇看来皆有一种"如同物一般的"性质。此外，不论是僵化的自我中心主义、疏离的态度（Teilnahmslosigkeit）或是对经济获利之关注，也都被卢卡奇一概归为"化他者为物"的态度。

卢卡奇进行分析时，并不满足于现象学地描述这些因参与商品交易而造就的态度上的转变。虽然他最先几乎只关注马克思称之为"商品拜物教"的现象[1]，但几页之后，卢卡奇就不

---

[1] Karl Marx, *Das Kapital*, Bd. I, in: Marx/Engels, Werke, Bd. 23, Berlin 1968, pp.85ff；关于马克思政治经济学批判中商品崇拜分析与物化批判的关联性，参见 Georg Lohman, *Indifferenz und Gesellschaft. Eine kritische Auseinandersetzung mit Marx*, Frankfurt/M. 1991，尤其是第 5 章。

再只局限在经济领域。相对地，他认为，物化造成的制约，已从经济领域转移到资本主义日常生活的整体中。然而，在文中我们看不出来，卢卡奇理论上如何解释物化现象是以何种方式广泛普及至社会领域。之所以如此，是因为卢卡奇似乎摆荡在两个解释策略中：他有时采取功能式的论证，主张资本主义为求自身之扩展，必然以商品交易模式同化日常生活中的所有活动。[1]但同时他又援引韦伯的思想，认为理性化的过程本身，必然使目的理性式的思维延伸扩展到那些原先依循着传统行为导向的各社会领域。[2]不论卢卡奇对物化之普遍化的论证如何可议，这一思路终使卢卡奇得以提出他的核心论题，即在资本主义下，物化已然成为人类的"第二自然"[3]——所有参与资本主义生活方式的主体，必然习惯成自然地、以看待无生命物之模式看待自己以及周遭的一切。

为了能接着说明，究竟这种物化所涉及的是哪一类的错误，我必须先指出卢卡奇分析中的下一步。如同我们所见，卢卡奇到目前为止，皆用一种非常宽松的方式运用"物"或"如物一般之性质"（Dinghaftigkeit）这些概念；只要主体在其周遭环境或在其身上察觉到经济上利用之可能，所有相关现象一律会被卢卡奇以这些概念称之。也就是说，卢卡奇认为，不论所涉及的对象是物品、是其他人，还是主体自身的能力与感

---

[1] Georg Lukács, "Die Verdinglichung und das Bewußtsein des Proletariats", p.270.

[2] Ibid., pp.276f.

[3] Ibid., p.260.

受，一旦从经济可用性的考虑出发，那么所有的对象都会在主体感知中沦为无生命之物。但卢卡奇在概念构思上的策略，显然不足以证成"物化已演变成了第二自然"这一论题，因为后者涉及物化如何转移到非经济领域和社会行动中非经济的面向——倘若物化概念指的是，既与社会情境中的各要素由于经济上之算计而被重新定义的过程，那么究竟该怎么解释，何以在完全无涉等值交易的行动领域也会发生物化的现象？有意思的是，卢卡奇似乎自己也看到了这个问题，因为他在分析的过程中，不多久就在概念构思上另辟蹊径，他的主要关注焦点不再是对象如何因物化而发生变化，而是行动主体在物化他者的过程中，自身如何必然经历转变。卢卡奇相信，在商品交易的强迫制约下，主体的"行为方式"将会发生变化，而这些行为方式上的变化会影响主体与他周遭环境的所有的关系。卢卡奇认为，一旦行动主体长年习于其商品交易者的身份，他无法不变成"默想者"和"毫无影响的旁观者"，"他的存在将沦为异化体系中的一个孤立的单子"。[1] 随着物化概念在内容上的转换，"默想"（Kontemplation）以及"疏离"（Teilnahmslosigkeit）成为卢卡奇用以解释物化如何进而延伸至社会行动层面最关键的两个概念：在其中，主体不再积极地与环境互动，而是成为一个中立的旁观者，对于周遭发生的一切，主体不论是心理上或存在感受上，皆无动于衷。此处所谓的"默想"指的不是那种理论沉思的态度或精神之贯注，而是

---

[1] Georg Lukács, "Die Verdinglichung und das Bewußtsein des Proletariats", p.265.

指一种任受的、被动而消极的旁观；而"疏离"，指的则是行动者情感上不再受任何生发之事牵动，内心无有同情共感，亦即旁观地（beobachtend）任由外在事件生发起落。

我们不难看出，卢卡奇借着这个构思策略找到了比较适当的理论基础，而得以解释何谓物化已成了人类的"第二自然"。尽管卢卡奇还缺了一些理论步骤使其解说臻于完善，但我们已可掌握他的主要想法：他认为，商品交易活动所涉及的领域日益扩展，这一趋势迫使置身其中的主体，仅以旁观者而非参与者的态度，对待社会中所发生的一切。而之所以会如此演变，是因为交易双方对潜在获利之互相计算的本身，就要求着交易者尽可能采取全然实际与情感中立之态度。也就是说，主体会随着内在观点的转变，以一种"物化他者"的方式，觉知看待周遭环境中所包含的一切。因为不论是对交易的物件、交易的对象，甚至是主体自身的人格潜能，主体都会只注意到其可估量的实用质性。当这种态度在相关的社会化过程中被过度强化而塑造成为习惯，它便会成为我们的第二自然，而对日常生活中的一切起着决定性的影响。即便周遭发生之事和交易活动没有直接关系，主体仍会用看待物的固定方式看待之。对卢卡奇而言，"物化"就是一种仅止于旁观的行为习惯，在此状态中，不论是对自然环境、社会共同之成员，还是自身的人格潜能，主体都待之以一种疏离且情感中立的态度。

尽管上述对卢卡奇分析的重构十分简短，但由此我们至少已能间接得知，卢卡奇所谓的物化不属于哪一类的匮乏或错误：如前所见，物化作为一种偏误的内在视角，并不只是一种认识上的范畴错误。这不单只是因为，物化指的是某种具有多层意义且持存之病征，还因为这种心态上之转变，太深地影响我们的习惯与行为模式，它远不再是单纯的认知偏差，能被轻易更正。对卢卡奇而言，物化塑造了一种"态度"（Haltung）[1] 或一种行为方式，其使得主体的思想观点破碎而扭曲；而这种态度或行为方式在资本主义社会中是如此普遍，说它已成了人类的"第二自然"也并无不妥。

厘清了物化之沉疴不只是认识上的问题，有助于我们在另一方面指出，对卢卡奇而言，物化也不是一种违背道德原则的、道德上错误的行为。因为在扭曲的物化态度中，并没有明确的主体意志，而只有当后者存在时，使用道德语汇来讨论才有意义。卢卡奇不同于努斯鲍姆[2]，他并不界定对他人的物化态度严重到何种程度时，应被当作一种道德上可鄙的行为。在他看来，所有资本主义社会的成员，在社会化的过程中，都同样地被吸纳进物化的行为体系；工具式地对待他者是一个社会事实，而不是道德上的不义。

借着逐步排除卢卡奇所谓的物化不是什么，我们现在能够开始讨论，究竟卢卡奇希望读者如何理解这个关键概念。倘若物化并不仅是认识上的分类错误，又不算是道德上的行为错误，那么就只剩下最后一种可能性，即物化指的是一种彻底错

---

[1] Georg Lukács, "Die Verdinglichung und das Bewußtsein des Proletariats", p.264.

[2] Martha Nussbaum, "Verdinglichung", in: *Konstruktion der Liebe, des Begehrens und der Fürsorge. Drei philosophische Aufsätze*, Stuttgart 2002，尤其是第 148 页以下。

误的人类实践的形式。如前所述，卢卡奇把物化定义为"疏离的""旁观的"行为模式，此种行为模式集结了各种习惯与态度，它们违背了一种较原初的或较好的实践的形式。而从这个对物化的叙述本身，我们就可以清楚看到，最后这一类对物化概念的定义并不是没有规范性的内涵；虽然此处不再关乎明确的对道德原则之损害，但也正因为如此，我们所要处理的问题更为困难——我们必须在理论上能够证明，相对于扭曲的、病态的实践形式，存在着一种"真正的""本然的"实践。卢卡奇进行物化分析时所必须预设的规范性准则，并非种种道德法则，而是一个关于正确的人类实践的概念。要提出这样的一种概念，需要更强的社会存有论以及人类学的论证，而非一般道德哲学或伦理学论证。[1]

　　卢卡奇并不是没有意识到这是何等的规范性要求。虽然他和黑格尔一样，强烈批评"抽象之应然"的想法，但他也非常清楚地知道，若要证明有所谓物化他者的实践或"态度"，就必须预设一个关于真正的人类实践的概念。也正因为如此，卢卡奇在文中多处留下提示，说明当人不受物化之制约影响时，我们在实践上与世界的关系应有怎样的特质：一个实践的主体应作为"有机整体"[2]，以一种"参与其中的"[3]、"合作的"

---

[1] 关于这些难点，参见 Axel Honneth, "Pathologien des Sozialen", in: *Das Andere der Gerechtigkeit*, *Aufsätze zur praktischen Philosophie*, Frankfurt/M. 2000, pp.11—69，尤其是第 54 页以下。

[2] Georg Lukács, "Die Verdinglichung und das Bewußtsein des Proletariats", p.275.

[3] Ibid., p.272.

方式经历到外在世界，而后者则能就其内容被主体经验为具有"质的独特性"的[1]、"真实的"存有。[2]这些段落作为人类学描述合理且可想象，然而十分奇怪地，卢卡奇文中同时也有与之矛盾的说法。即，卢卡奇在另一方面试着援引黑格尔与费希特来说明何为"真正的"实践；在这个脉络下，只有当客体是主体的产物时，只有当精神与世界合而为一时，才会有不受扭曲的真正的实践。[3]后面这些段落显示出，或许卢卡奇提出物化批判时，最主要的根据还是同一哲学中的"行动"（Tätigkeit）概念，后者依照费希特的定义乃是一种精神的自发活动。[4]毫无疑问地，在今日看来，卢卡奇的同一哲学取径使他失去了以社会理论来证成其"物化"批判的机会。[5]但潜藏于这些台面下的、观念论的显题背后，也有其他段落采取显然较为平易的论述。在这些段落中，所谓本然的、真正的实践，具有的就是那种参与的（Teilnahme）、关心投入的（Interessiertheit）素质，是广泛的商品交易毁损了这些素质。在这个论述策略中，与物化式的实践相对照的，并非那种可延展至群体层面的主体对客体之建构，而是主体所怀有的互为主

---

[1] Georg Lukács, "Die Verdinglichung und das Bewußtsein des Proletariats", p.304.

[2] Ibid., p.308.

[3] Ibid., p.301，319.

[4] Fred Neuhouser, *Fichtes Theory of Subjectivity*, Cambridge 1990; 关于卢卡奇对费希特自我创造活动之想法的倚重，参见 Michael Löwy, *Georg Lukács— From Romanticism to Bolshevism*, London 1979, 第 2 章。

[5] Jürgen Habermas, *Theorie des kommunikativen Handelns*, Bd. 1, Frankfurt/M. 1981, pp.486ff.

体的预设态度（intersubjektive Einstellung）。后面这个文本中的线索，正是我接下来的思考的主轴。我将讨论一个问题：若我们认为，在原初的实践中，人对自我及对他者皆有一种共感且参与（anteilnehmend）的关系，那么我要问的是，若将"物化"所指之事态，理解为这种原初实践的衰退与扭曲，以这样的方式，将物化概念重新引入现今的脉络中，是否有意义？

然而，要以此方式赋予物化概念新的生机，我们仍受制于许多尚未处理的文本中的问题。卢卡奇行文中的可议之处，并不只在显题中所采取的策略，在此，物化批判的规范性依据，还是观念论式地视所有客体为人类主体行动的产物。同样有问题的是卢卡奇思考中的社会理论论题。物化作为一种行为转变，渐渐渗入现代社会生活所有的领域中，卢卡奇将此种转变完全归咎于商品交易活动日益普及这一单一原因。此种看法预设了一个未经解释的马克思主义前提，据之，只要参与经济交易活动，就必然使个体偏失，必然改变个体对自我及对外在世界的关系。在此脉络下的问题是，卢卡奇是否严重地低估了，任何高度分化的社会出于对效率之需求，都必然需要其社会成员学着策略性地面对自我与他者。倘若如此，那么我们就不该跟卢卡奇一样以概括一切的方式进行物化批判，而是必须划分出某些特定的社会领域，在这些领域里，旁观的、疏离的行为方式有着充分的正当性。[1] 在接下来的讨论中，我的目的并

---

[1] 这正是哈贝马斯在《沟通行动理论》中重启物化批判时所采取之策略，参见 Jürgen Habermas, *Theorie des kommunikativen Handelns*, Bd. 2, Frankfurt/M. 1981，第 6 章及第 7 章。

不是要——处理卢卡奇文中所有不清楚之处及问题。我希望的是，以一种行动理论（handlungstheoretisch）的观点，重述卢卡奇的物化概念，希望能借此开启一个新的视角，使那些尚未解决的问题不必读来如此极端，且使得我们能够提出有助于理解的推测性诠释。

第二章　从卢卡奇到海德格尔与杜威

从先前的讨论我们已经看到，卢卡奇在进行物化批判时，为了说明他的批判是以一种真正的、尚未扭曲的人类实践形式为根据，间接提出了两个相互对立的解释方案。首先，也就是在正式的版本中，当卢卡奇批评物化之积习已僵化成第二自然时，他似乎是想要以一种整全的实践之理想为评比的依据；照此理想，现实中的一切都应由人类劳动所创造。姑且不论这个解释模型还建立在观念论的前提上，此种解释无论如何都必然失败，因为根据这个观点，任何客体、任何存在状态，只要不是经由劳动产出，都会成为某种物化。相对的，似乎只有在第二个解释模式中，卢卡奇才比较严谨地界定，究竟怎样的行为和心态有着偏狭的、纯然"旁观"的模式，而被他称为物化。我们可以从卢卡奇文中找到足够的佐证来支持这个"非正式"版的解释策略。在这个脉络中，物化他者的态度之所以是错误的，乃是相较于另一种关于实践之理想，这种实践有着主动参与以及投入自身存在的特质。这里对实践的想法不再带着任何观念论的意味，实践不再是某种主体创生世界的行动（welterzeugende Tätigkeit），而是一种特殊的互动形式（Interaktion）。若我们循着卢卡奇相关思考中的这道线索，将会发现，它和稍后杜威（John Dewey）、海德格尔（Martin Heidegger）所发展的想法有着令人惊讶的相近性[1]，若我们再将视野延伸到当代，则可在卡维尔及许多其他作者的思路中，见到与卢卡奇的第二种物化批判取径交会之处。[2]下面我会先讨论卢卡奇与海德格尔思想中的一个共通点，它将会有助于我们接着说明，何谓"共感且参与的"（anteilnehmend）实践。

过往已有不少诠释指出，卢卡奇的长文与海德格尔的《存在与时间》在许多方面显出相近之处[3]，此一"精神上的亲缘性"在海德格尔1924年亚里士多德课堂讲稿尤其明显可见。[4]我们若要恰当地指出卢卡奇与海德格尔在思想上第一个重合之处，必须先指出，卢卡奇在该篇文章中，不只是要批判资本主义经济型态对物化的影响。对卢卡奇而言，同样重要的是要证明，现代哲学之所以总是陷入不可消解的二律背

---

[1] 我在此处根据的是：Martin Heidegger, *Sein und Zeit*, Tübingen 1967（II. Aufl.）；John Dewey, "Qualitatives Denken"（1930）, in: *Philosophie und Zivilisation*, Frankfurt/M. 2003, pp.94—116；John Dewey, "Affektives Denken"（1926）, pp.117—124。

[2] Stanley Cavell, "Wissen und Anerkennen", in: *Die Unheimlichkeit des Gewöhnlichen*, Davide Sparti/Espen Hammer, eds., Frankfurt/M. 2003, pp.34—75. 相关讨论见本书第3章。

[3] 参见 Lucien Goldmann, *Lukács und Heidegger. Nachgelassene Fragmente*, Darmstadt/Neuwied 1975。Goldmann 亦探讨了《存在与时间》中海德格尔明言讨论"物化"的两个段落（Sein und Zeit, p.46, p.437）, 在此，海德格尔的讨论很可能指涉卢卡奇著名之作，参见 Lucien Goldmann, *Lukács und Heidegger. Nachgelassene Fragmente*, pp.113ff。

[4] Martin Heidegger, *Grundbegriffe der aristotelischen Philosophie*, in: Gesamtausgabe, II, Abteilung, Bd. 18, Frankfurt/M. 2002.

反，正是因为现代的哲学自身就根植于一种物化式的生活文化，故其总是受限于主客对立的范式。[1]卢卡奇的企图，即批判现代哲学之固守于主客二元对立，也同为海德格尔哲学的出发点——《存在与时间》之作者同样认为，相信人能够全然中立地认识外在现实，乃是造成存有遮蔽（ontologische Verblendung）的罪魁祸首，它阻碍我们适当地回答关于人类自身存在结构的问题。当然，在此脉络中，海德格尔并不像卢卡奇把主客范式在哲学中的优位化归因于资本主义社会中物化的生活型态；海德格尔向来缺乏社会理论思考，因此也从没试着探究他所批评的存有论传统的社会根源。然而，就海德格尔与卢卡奇皆试着推翻或"解构"主流观点而言，他们则十分一致。而对于"认识主体可以中立掌握世界"这一想法的共同批判，也使得这两个作者都必须各自提出相应的理论方案。

众所周知，海德格尔处理此问题时借助的是存有论—现象学分析，在此观点下，世界乃是一个在日常存在中不断开启的过程——人类通常并不是以认识主体的中立姿态面对外在现实。相反地，我们总是先行忖度考虑，要如何在实践上克服外在现实，也因此，对人类而言，既与世界乃是具有实践意义的场域。此种在实践上与世相连的存在结构（die Struktur einer solcher praktischen Bezogenheit），海德格尔称之为"挂

---

[1] Georg Lukács, "Die Verdinglichung und das Bewußtsein des Proletariats", in: *Geschichte und Klassenbewußtsein* (1923), Werke, Band 2 (Frühschriften II), Neuwied und Berlin 1968, pp.257—397, 此处见第 287—331 页。

念"（Sorge）。[1] 借着"挂念"这个概念，我们找到了联系海德格尔与卢卡奇思想的桥梁，它让我们想起，卢卡奇如何试图借着对比于全然旁观的行为提出一个广义的实践概念。如同海德格尔的"挂念"，共感参与的实践方式，对卢卡奇反驳盛行且僵化的主客范式应也有着关键性的意义。因为，在此种关于人类行动的预设中，主体不只是中立地将外在现实视为认知客体，而是带着存在之关注（existentielle Interesse）将自身关联于世，而外在世界也会就其实质的意义向人开启。然而，在我们指出这两个作者的第二个共通点的同时，也必须注意到他们的差异，即，卢卡奇在取径上与海德格尔大不相同：《存在与时间》的作者想要指出的是，传统存有论所采用的心智主义式（mentalist）的语汇，遮蔽了我们的目光，使我们无法看见日常存在实然具有的挂念特质。卢卡奇的思考前提则迥然相异，他认为，资本主义中不断发展的物化现象已经使关心投入的实践完全不可能。因此，卢卡奇无法将他的思考视为对既与的人类存在方式的解蔽，而只能是对一种未来或许可能的存在方式的勾勒。就传统存有论的问题而言，此一取径上的差异使卢卡奇无法像海德格尔一样，直接以实然之现实为据，反驳传统存

---

[1] Heidegger, *Sein und Zeit*, p.57 与 §41。以及 Heidegger, *Grundbegriffe der aristotelischen Philosophie*, pp.55 ff.。

　　海德格尔之 Sorge 于中文亦有译为"关心"。由于相较于"挂念"，"关心"于中文有较强之主动义，而根据本书之核心论题，人对他者之承认，在存在的层面上，有着无法择取的必然性，Sorge 尤应表达出此种"去中心"义，故于本书中，一律采海德格尔研究学者张鼎国教授之译法，译为"挂念"。——译者注

有论。相反的，卢卡奇在现实中看到的尽是物化境况的呈现，而此境况只有当我们能超克资本主义社会的形式时，才会得到化解。

　　此处所涉及的复杂性点出了卢卡奇文中最困难的一个问题：当我们仔细审视卢卡奇的文章时，我们很难看出，卢卡奇是不是真的认为，所有"真正的"、共感参与的实践所必须具备的要素，已经彻底被资本主义摧毁？尤其在他最后一章处理无产阶级"意识觉醒"的问题时，有不少段落似乎指向相反之论题。卢卡奇在这一章对费希特多所援引，并借之指出，要超克物化处境只能透过一种行动，在此行动中，劳动阶级终于意识到，他们自己就是他们所不断造就的生产绩效的来源——根据辩证法的思路，正因为无产阶级的存在深受贬抑与物化，在无产阶级中必将出现一种经由自发反转所带来的认识上的突破，即，"社会的对象并不是物，而是人与人之间的关系"[1]。如果我们消去卢卡奇历史哲学想象中的观念论的高音，而纯粹讨论其素朴的核心，那么他的思路必然导致下述结论：一种具有其他形式的、非物化式的实践，在现今物化的条件下并没有完全地被消除，而只是从意识中被抹去。也就是说，卢卡奇应该也会同意海德格尔，认为物化了的社会关系呈现的其实只是错误的诠释框架或一种存有的遮蔽，遮蔽的背后潜藏着人真正的存在方式的事实性。

　　若我们采纳此一诠释——卢卡奇的文本确实也没有再提出

---

[1] Georg Lukács，"Die Verdinglichung und das Bewußtsein des Proletariats"，p.366.

任何有意义的其他方案——那么，可以说这两个哲学家在各自定位其实践概念时，十分相近——卢卡奇所间接提出的参与性的实践和海德格尔的"挂念"一样，它们指的都是一种实践上的取向，且是人类生活方式之根本结构。那种盛行的、几乎成了我们的"第二自然"的看法，以为中立地在认识上掌握外在现实乃是人类最在意之事，其实与事实相反，人的存在实际上是在"存在之参与"（existentielle Anteilnahme）及"挂念担忧"中开展，且正是这些特质使得人类能够以一种充满意义的方式开启世界。即便受到商品交易的影响、即便物化渗入社会关系中，此种人类实践的根本特质必定仍或多或少地存留了下来。若非如此，卢卡奇就根本不能宣称，要突破物化了的社会关系、使人类实践内蕴着共感参与这一事实得以重现，我们需要的只是现下即刻觉醒（而非预想未来或追忆过往）。就此而言，可以说两个思想家都同意，即便在目前错误的、存有盲目的境况中，人类生活形式的根本结构必然总还是一直存在着的，而其特质就是"挂念"以及"存在之关切"（existentielle Interessiertheit）。

由这个共通点出发，我们可以接着导出下一个结论，即，卢卡奇和海德格尔在第三个关键的问题上，必然也是想法一致的。到目前为止，我一贯地指出，卢卡奇所谓的"物化"不单只是一种认知上的范畴错误，也不是对道德律则的违背，它指的是一种错误的"态度"或习惯，一种成为惯性的实践方式。但这样的说明不可能全然正确，因为，若这两个思想家都认为，那种在人与人的关系中只看到实利的物化想法，其实仅仅是一种诠释理解上的遮蔽，掩盖了实存于人类实践活动中的挂念与关切，那么在此前提下，卢卡奇就必须预设，物化并不是彻底惯性内化了的错误实践方式。相对于从未彻底消失的"正确"的实践而言，物化应该是一种错误的诠释习惯。在此意义下讨论何谓"物化了的"整体社会境况，指的就应该是：在物化条件中生活的社会行动者，会错误地理解他们自身日常的行为活动。而我们也不应认为，这些错误的诠释不会对主体实际的行动过程造成影响，因为卢卡奇应会同意海德格尔，认为不论是盛行的主—客分离的思考模式，或是存有论中主导的"手前存有"范式[1]，它们都会对日常生活之实践起着一种负面的——若不是摧毁性的——影响。

此一额外增生的复杂性，使得这两个思想家必须同意下列论题，即虽然某些习惯会变成第二自然，使人不自觉地把面对物质对象时采用的中立认知模式，套用在对自己以及对周遭他者的关系上，且久而久之使得我们的行动实践转变成一种物化的型态。但即便如此，人类实践中原有的挂念特质也不会完全地消失。相反地，此一先行的（vorgängig）特质必定仍以某种直觉之知（präreflexives Wissen）的形式，或是作为某种先于反思在行为中的根本要素而存在着，且随时能借助批判性的分析重新被唤回意识之中。若卢卡奇要完整地证成上述论题，他

---

[1] 关于"手前性概念"，参见 *Sein und Zeit*, pp.55f.。Hubert L. Dreyfus 对于海德格尔哲学中"及手性"与"手前性"作为对立概念之解释亦很有帮助：Hubert L. Dreyfus, Being-in-the-World. A Commentary on Heidegger's *Being and Time*, Division I, Cambridge（Mass.）1991，第 4 章。

其实只需要附加说明一点，即指出之所以会出现物化式的思考习惯，主要不是因为某种错误存有论的盛行，而是因为商品交易在社会上的普遍化。纯然只顾及计算考量的商品交易过程，必然会制约所有参与交易之主体的诠释习惯，而正是此种强迫性的制约使得各种社会行动日渐变形而趋向疏离旁观。

行文至今所得到的结果应该已经足以回答，引入海德格尔的挂念概念，是否确实有助于阐明卢卡奇对实践的想法，而后者乃是他物化批判的根本依据。之所以我们会认为此种诠释是有益的，是因为卢卡奇在他的第二个论述策略中，是借由指出物化的、纯然旁观的行为中缺损的特质，来定义何谓人类真正原初的实践。这也就是说，人类必然会以一种关心在乎的方式面对其所处的周遭环境，而这也正是海德格尔的"挂念"概念所要传达的。乍看之下，这里所谈的，其实和我们今日相对于"旁观者观点"所称的"参与者观点"（Teilnehmerperspektive）几乎没什么不同。参与者观点指的是，人类主体通常总是参与着社会生活，而这是因为人类能够设身处地转换到对方的观点，且曾经习得如何将他人的愿望、预设以及各种考虑理解为对方行为的原因。一旦没有这种视角的转换，而以纯粹疏离观察的态度面对他人，人际互动中的理性的联系便会断裂，因为此种互动不再经由相互理解对方之理由所媒介。[1]"参与者观点"包含了这两个主要构成要素，即，观点

---

[1] 参见对"参与者观点"之典范论述：Jürgen Habermas, "Was heißt Universalpragmatik？", in: *Vorstudien und Ergänzungen zur Theorie des kommunikativen Handelns*, Frankfurt/M. 1984, pp.353—440; Daniel C. Dennett, The Intentional Stance, Cambridge（Mass.）1987.

认取（Perspektivübernahme）以及借之所得来的对他者行为的理解（Handlungsverstehen）。当然，我们在此必须回答的问题是，这些关于人类行动的面向和海德格尔及卢卡奇借着"挂念"与"共感参与的"实践所要表达的，是不是真的全然相同？某种联结了海德格尔与卢卡奇对主客范式之批判的直觉，是否能够合适且完全地转译成下列论题：相对于纯然的观察者的角度，参与者的角度在人类的生活实践中始终具有优位性。此种假设首先会遇到的问题是，海德格尔与卢卡奇在界定各自的实践概念时，都认为实践既包含人与他人的互动，也涵盖其他一切外在环境；根据两人的想法，主体不仅仅只在人际关系中对其他主体有着"挂念"或"共感"，而是原则上会对所有与人类实践相关联的对象皆抱持此态度。正因如此，海德格尔甚至不会接受有所谓"对象物"这种范畴，因为此种分类太深陷于主客对立的存有论范式。[1] 再者，不只是在外延上，而是就其内涵而言，卢卡奇和海德格尔所使用的概念似乎也比"参与者观点"所意味的更多或与之不同。因为，不论"挂念"或"共感"，虽然两者都包含对他者观点的认取，但它们还另外多了情感涉入（affektive Bezogenheit），或者说"肯定的态度"这个要素，这是在关于"理解他人行动之理由"的想法中所没有的。[2] 在此

---

[1] 海德格尔在其此有分析之存有论层面上同时避免使用"对象"（Gegenstand）及"物"（Ding）这两个概念，取而代之的是"用具"（Zeug）概念，其与"及手存在"（Zuhanden）范畴互相增补，参见 Martin Heidegger, *Sein und Zeit*, p.68。

[2] 关于海德格尔的"挂念"概念，Hubert L. Dreyfus 亦强调这些有正面倾向的、超越工具性意义的要素，参见 Hubert L. Dreyfus, *Being-in-the-World*, 第 14 章。

我们可以见到一道非常细微但也因此更有决定性意义的界线，它将卢卡奇与海德格尔的直觉和我们今日主要称之为"沟通的"或"意向的"态度区隔开来——后面这两个概念强调，人类通常是借由互相将自己置于对方处境来进行沟通，卢卡奇与海德格尔则更进而指出，这种互为主体的态度，总是预设了肯定的支持（positive Befürwortung）和个人存在上的投入（existentiellen Zugewandtheit）这些构成要素，而这些要素在今日界定主体理性动机时并未被充分地表达出来。

　　若我们要更准确地理解这一论题，就必须再一次完整地审视这两个作者的思路。卢卡奇与海德格尔所主张的是，人类与自我以及与周遭世界的关系，不但在起源上，而且在范畴上，最初都和一种肯认他者的态度不可分，唯有在这个基础上，才能发展出其他的、情感中立化的倾向。若将讨论导回我们主要的论题，则可以说，一旦舍弃了这种原初既有的、肯认的态度，必然导致周遭环境中的一切在主体经验中沦为某种仅有物之质性者、沦为某种"手前存在"。就此而言，物化指的是一种思考习惯，一种惯性僵化了的视角，主体若采取此视角，将会失去原有的关注与共感的能力，其周遭环境也不再显出质的开放性。

　　接下来我将会探讨，上述说明是否有助于使我们今日能继续使用"物化"这个概念。但在那之前，我必须先试着证成这一说明所预设的根本前提，即相较于以中立的态度认识外在现实，"挂念"的预设态度不仅具有发生起源（genetisch）上的优位意义，而在概念上（begrifflich）也同样具有优先性。再下一步，我将会把目前大致勾勒出的看法以另外一种理论语言重新表述——我会小心地把海德格尔的"挂念"概念用源自黑格尔的"承认"（Anerkennung）范畴取代之。在我看来，这个取径将能证明，在人类对自我以及对世界的关系中，肯认的、承认的态度与其他所有的预设态度相较，同时有着发生起源上的与思想范畴上的优先性。只有在指出这一事实之后，我才能回答我们的主要问题，说明今日如何能以一种有意义的方式再度使用卢卡奇的"物化"概念。为了导向"承认"这一范畴，我将借杜威哲学中的一条思路作为桥梁，并在杜威的思路中，以另一种方式再次勾勒卢卡奇与海德格尔的想法。

在卢卡奇《历史与阶级意识》出版没多久后，杜威发表了两篇非常有意思的文章。[1] 杜威以他自己的理论词汇描绘了一种人与世界的原初关系，他的构想与卢卡奇、海德格尔思想有许多令人惊讶的相似之处。杜威所提出的观点是，任何对现实的理性掌握最初都联系着一种整体的经验，在此种经验中，既与情境里所有的构成要素都会在主体关注而投入的目光下展露出其特质。若我们继续循着此一思路，将不但能够证明，海德格尔的"挂念"可以转换为"承认"概念，并且也可指出，何以"承认"的态度相较于对外在世界仅仅采取认知的态度，具有优位性。

杜威跟卢卡奇、海德格尔一样，对传统观点抱持怀疑，他

---

[1] John Dewey, "Affektives Denken", pp.117—125; John Dewey, "Qualitatives Denken", pp.94—116.

不认为人与世界的关系基本上是一种中立地面对认识客体的关系。虽然杜威并不使用"物化"一词来说明他的中心思想，海德格尔世界观里的情怀也与他相去甚远，但就所讨论的事理而言，杜威与这两个思想家一致认为，居于主流的主客思考模式对社会之自我理解不可能没有影响。主流思想越是固守着主客对立的范式，对我们的社会生活实践所造成的损害就越大，因为认知与感受，理论与实践，科学与艺术会彼此越分越远。[1]当然，杜威论证他对"观看者模式"（Zuschauermodell）的批判时[2]，要比海德格尔与卢卡奇明快直接得多。没有文化批判的迂回曲折，杜威的企图是用语言理论和认识论的论证说明，任何一切的理性的认知活动，最初都来自我们对有待克服之外在环境充满感受的整全经验。杜威首先指出，所有存在命题（Existenzaussagen）的认知内容皆根植于具体的情境，不论这些情境"具有怎样的内在复杂性，当一个'行动的主体'要理解或在实践上克服其处境时，会将之经历为某种独一无二的实质整体（einzige Qualität）"[3]。不论是在与其他人的人际互动中，还是在面对无生命的物时，既与情境中的一切最初总是在经验中展现出某种独特的质性。在此种整全的经验中，我们无法将所谓情感的、认知的或意志的因素彼此区隔。因为，我们在那当下瞬间所经验到的或如海德格尔所说，那些造就某情境之独特氛围的各种因素，是以一种如此全面的方式影响着我们

---

[1] 参见杜威之导论: John Dewey, "Affektives Denken", p.117。

[2] 参见 John Dewey, *Die Suche nach Gewißheit*, Frankfurt/M. 1998, pp.27ff.。

[3] John Dewey, "Qualitatives Denken", p.97.

对自我以及对外在世界的关系，以至于我们不可能立即单独地去凸显出某一面向。杜威认为，我们所有的体验皆共有此种原初的实质性，这说明了一个事实，就是人类作为行动者，最初是以一种存在上毫无隔阂且实践上完全投入的态度，联系自己与世界。当杜威在其他段落阐明同一事理时，他使用"互动"（Interaktion）[1] 这个概念明确指出，这种与世相接的态度不是只关乎自己的、自我中心的。相反地，我们会希望自己和所处环境能和谐且尽量少有冲突地互相交流，并会对此感到在意及担忧。这也就是说，人并不是在对自己的挂念中展开世界，在不同处境中，我们挂念的是自己能否与外在世界保持无碍的交流。

　　我将会把这种联系自我与世界的原初形式（ursprüngliche Form der Weltbezogenheit）称为"承认"；关于这个概念，暂时我只先强调一点，就是当我们在行动中建立起自身与世界的联系时，最初并不是采取情感中立的认识态度。相反地，伴随我们的行动的是一种肯认的、具有存在意义的关心挂念；我们自始就必须时时承认接受周遭世界有其自身内蕴的价值，也正因其自有价值，才会使我们对自己与世界的关系感到挂念担忧。就此而言，"承认"概念在最根本的层面上，不仅跟杜威的"实践之投入"，也跟海德格尔的"挂念"及卢卡奇的"共感参与"有着同样的思路，即人类对周遭世界所抱持的存在之关注具有一种先在性，并在我们对万物自身意义与价值之经验

---

[1] 参见 John Dewey, *Erfahrung und Natur*, Frankfurt/M. 1995，尤其是第 5 章。

中得到滋养。[1] 所谓承认的态度，就是肯认其他人或事物在我们生命开展过程中所具有之意义。

杜威企图在下一步指出，要能将经历过的情境理性地拆解分析，需要我们先将自身从此实质整体中抽离出来；因为人若要以智力知识解决行动时所遭遇的问题，便有赖于各种分析要素。这些要素在我们经验到的整体氛围中，原是共同地起着作用，是后来才在我们反思的过程中被区分开来。是在这个后续阶段、在我们对某个情境的"再制"过程中，随着整体经验被拆分为情感的成分、认知的成分，才解离出一个所谓的"认知客体"，以及一个与之相对立的、消去了行动者情感的"认知主体"。个体先前在直接的经验中所投注的注意力，现在则变成一种认知的动力，全然贯注于智性地克服某一问题。而一旦某个个别问题被特别凸显出来时，整体情境中所有其他的构成要素也就会从视线中淡出。然而，杜威再三强调，原先经验中的实质内容，不应在认知的抽象过程中被遗忘，否则将会造成一种有害的假象，使我们误以为有一个单纯自存着的认知客体，或有某种叫做"既与物"的存在。[2] 一旦我们忘记了，所有反思的努力最初源自怎样的实质经验与氛围，我们将会忽略，到底当初我们是为了什么而开始思考。为了使我们不要忘记一切思考活动根本之目的，我们必须有意识地将思考活动所

[1] 根据此诠释，海德格尔的挂念概念始终带有一种去中心的意义，因为主体总是会顾虑到客体的内在要求。此诠释与 Ernst Tugendhat 下列文章中之观点相左："Schwierigkeiten in Heideggers Umweltanalyse", in: *Aufsätze*. 1992—2000, Frankfurt/M. 2001, pp.109—137。

[2] John Dewey, "Qualitatives Denken", p.107.

源出的实质经验，当作背景之知，保留下来。

杜威为了阐明他的诉求，举谓词为例，说明人是如何借着语言抽象过程将认识对象固定下来。我们可以用任何一个具有主词—谓词形式的句子为例，此种语句形式仿佛本身就暗示着，这里有一个既与的存在物借谓词而被附属了一种性质。倘若我们只停留于此种谓词的形式，则在存有论上无法解释，附加上的属性和看似全然独立的存在物之间究竟是何种关系？然而，当我们回溯地厘清，谓词命题乃是借着将原先的实质经验抽象化才得以形成，便能解决此一谜题。我们将会理解，主词和谓词实际上是"交互相连"着（korrelativ）补充彼此之意义，因为它们最初曾共同揭示着实质经验之趋向。[1]杜威以一种使人想起海德格尔"及手存在"与"手前存在"之区别的方式，接着以"凡人皆会死"之谓词句为例解释他的观点。杜威认为，只当我们将此命题重新译回其原初的、不及物的形式时，即译为"人死"时，此命题所隐含的谓词附加的性格才会消失。因为这命题的原始形式表达出了人"对于人之命运"的"挂念"，而这是语句抽象过程之开端。[2]

杜威显然相信，任何以谓词来界定人的命题都能以此范式揭露其义。对杜威而言，这类的谓词句是一种客观化重述的结果，它所重述的是人一般带着承认态度遭遇他人时，所感受到的忧惧、挂念与希望。在最初始的时候，主词和谓词这两个后来构成命题的要素还交互地紧密关联，因为它们传达的是某

[1] John Dewey, "Qualitatives Denken", p.106.
[2] Ibid., p.106.

些无法言喻的经验特质，而只有当在主词谓词共同作用下，这些特质才呈显出原先之挂念趋向何方。因此，并不存在某种已经预先清楚界定好的、固定不变的实体，叫作"人"，其能够外于一切存在参与所预期之实质影响而独立存在。只有当真切实质之经验转变为普遍命题时，原先在经验者和他所感受到的具体影响中的循环关联才断裂开来，这时才出现了存有论上的假想，仿佛世上存在着无有任何特殊性质的"人"，而之所以会有此假想，是因为我们后来用谓词为之赋加属性。杜威在一则说明中——此处就其事理而非就其用语而言再次令人想起海德格尔——和后来塞拉斯（Sellars）同样谈及一种"对'既与性'的虚妄想象"："唯一不具有任何特定性质而既与存在之物，乃是无所不在的质（Qualität）本身。若要说'既与物'这用语在此也不合适，其原因正在于，这个词要不就暗示着，有某物被赋与了所谓精神、思想或意识等等，又或者仿佛存在着某物，能够将这些赋与他者。事实上，在此脉络中所谓的'既与'，指的只是质的直接存在，或它就是存在这一点。就此特性而言，质本身就是所有思想之对象所指涉者。"[1] 以此思路为出发点，我将试着指出，"承认"相对于认识而言，既具有发生起源上也具有概念上的优位性。

---

[1] John Dewey, "Qualitatives Denken", p.107.

第三章 承认的优位

为了阐明我的论题，即承认先行于认识、共感之行为方式先行于中立地掌握现实，我必须离开至今所采用的理论史架构。因为要能指出，任何将周遭世界客观化的与世关系都建立在存在之共感这层基础之上，我们不能只靠引据哲学权威，而需要一些独立的证明与论证。只有在这一步骤的论证俱足之后，才有可能看出，若我们要借承认理论将卢卡奇的直觉想法保留下来，"物化"概念需具备哪些根本意义。先前我曾经提到一个论题，据之，人类行为的独特之处在于，人类的沟通预设了认取他者观点（Perspektivübernahme）的态度。我将以此论题为对照而指出，理性地认取他者观点乃是根植于一种先在的互动（Interaktion），而此种互动有着存在之挂念这一特质。在接下来的讨论中，我会先从发生起源的观点强化这一推测：（1）我将把讨论的焦点转向探讨幼儿如何习得认取他者观点的能力。（2）我将处理一个较之困难许多的问题，即，要如何为我的推测提出系统的或范畴上的证明。

（1）在发展心理学与社会化研究中早已普遍认为，幼儿思考及与人互动能力之发展乃是一个以观点认取机制

（Mechanismus der Perspektivübernahme）为中介的过程。这一想法可以说是融合皮亚杰（Jean Piaget）与乔治·H. 米德（George H. Mead）[1]，或说是融合戴维森（Donald Davidson）与弗洛伊德[2]所得来。根据此观点，在儿童发展的过程中，认知能力的习得和早期的沟通关系以一种独特的方式紧密相关：儿童之所以能学会将自我关联到一个有着稳定且持存对象物的客观世界，是因为他借助第二人的观看视角，慢慢地学会将自己原来的、自我中心的视角去中心化（Dezentrisierung）——婴儿很早就开始和照护者建立起沟通关系，他会要照护者看着自己，并会将照护者的目光引向重要的对象物上。诸多理论认为，这种现象指向一个探索实验的阶段，在此阶段中，婴儿会试探其他的观看周遭世界的方式是否具有独立性。若婴儿要成功学会将自己设身置于第二人的观点，且能以此第二人观点看待周遭环境，他需要有一个和自己相系相应的他人为范准（korrelative Instanz），透过这个重要他者，婴儿才第一次能以一种去个人化的（entpersönlicht）、客观的方式看待对象物。今日普遍认为，婴儿掌握此种"人际认知三角"（Triangulierung）[3]的

---

[1] 可参见 Jürgen Habermas, "Individuierung durch Vergesellschaftung. Zu George H. Meads Theorie der Subjektivität", in: *Nachmetaphysisches Denken*, Frankfurt/M. 1988, pp.187ff。

[2] 参见 Marcia Cavell, *Freud und die analytische Philosophie des Geistes. Überlegungen zu einer psychoanalytischen Semantik*, Stuttgart 1997。

[3] 下列研究乃是我接下来论述之主要依据：Michael Tomasello, *Die kulturelle Entwicklung des menschlichen Denkens*, Frankfurt/M. 2002; Peter Hobson, *Wie wir denken lernen*, Düsseldorf/Zürich 2003; Martin Dornes, "Die emotionalen Ursprünge des Denkens", in: *West End. Neue Zeitschrift für Sozialforschung*, 2/1（2005）, pp.3—48。

时间点是在九个月大的时候，新近的研究因此提出"九月革命"[1]的说法，因为在这个年龄，婴儿开始有能力觉察其他行动者的意向，知道其他人面对周遭世界时也带着目标，因此他人的立场和自己的立场具有同样的重要性。

值得注意的是，在这些发展心理学的理论中——例如当米德或戴维森强调"观点认取"对于儿童发展符号性思考的必要性时——儿童与照护者关系中的情感层面在相当程度上被忽略了。我们在米德的理论中就已经可以看出这种倾向。当米德描绘幼儿早期如何采取第二人观点时，幼儿对第二人所投入之情感仿佛不具任何重要性。[2]整体而言，许多理论尝试都过度偏向认知主义，而仅以沟通关系解释人类精神活动之源起——如上所述，当幼儿在经历过原型对话（Protokonversation）的阶段，约略意识到第二人的视角有其独立性时，会主动进入上述的三角关系，但此种三角关系在认知主义的理论倾向中，却常被呈现为一种情感真空的空间。一直到了最近，有些研究才借着对照儿童自闭症的案例，试图翻转此种认知理论式的抽象化。这些研究发现一种令人惊讶的规律性，即幼儿必须先在情感上认同重要他者，才能将后者的立场态度采纳为一种相应的范准。我将援引此类研究结果以证明，在个体发生学中，承认相较于认知具有优位性。

促使上述研究开始注意到幼儿早期互动活动中情感构成要

---

[1] Michael Tomasello, *Die kulturelle Entwicklung des menschlichen Denkens*, pp.77ff.

[2] Axel Honneth, *Kampf um Anerkennung. Zur moralischen Grammatik sozialer Konflikte*, Frankfurt/M. 1992, p.128.

素的，或许正是经验上与自闭症儿童的对比；因为这些研究普遍认为，自闭症的起因通常在于幼儿遭遇到不同的、大多是极为根本的障碍，使他无法和最初的重要他者发展出一种紧密相系的感受。相对地，在正常幼儿发展中，如霍布森与托玛塞罗（Michael Tomasello）所指出，此种情感上对他人的认同乃是认取他者观点的必要前提，而后者将使幼儿发展出符号性思考的能力。[1] 这些研究和以认知为中心的理论取径同样都以原初（primär）主体际性到第二（sekundär）主体际性之间的转变过程为出发点，认为大约在九个月大的时候幼儿会在互动行为中出现显著的进步，他能够透过基础示意（protodeklarativ）动作要照护者注意某些对象物，好让照护者跟自己一起看着这些对象。此外，在这个阶段，当幼儿看到他者对某个有意义的对象物的反应时，他自己对于此物的态度，会开始受到他人对此物所表达出的行为方式影响。最后，在象征式的游戏活动中，也就是米德所称的 play 中，幼儿渐渐理解到，物品平常具有的意义能够与物品本身松脱开来，而转移到其他物品上，他能以物品新被赋予的、转借来的功能挥发创意。

如前所述，我所区分的两个理论取径在说明这类的学习步骤时，其实十分相近。两者都同样注意到幼儿如何凭借沟通互动中的发展渐渐学着从第二人的观点出发，而将对象物品视

---

[1] 参见 Peter Hobson, *Autism and the Development of Mind*, Hove/Hilsdale 1993；Michael Tomasello, *Die kulturelle Entwicklung des menschlichen Denkens*, pp.94ff。马丁·多纳斯对霍布森之研究有极佳之综论：Martin Dornes, "Die emotionalen Ursprünge des Denkens", pp.23ff。

为实体，理解到它们属于一个客观的、不受自己态度影响的
世界。但与认知中心的取径不同的是，如霍布森与托玛塞罗所
说，儿童若是和照护者之间没有先发展出一种情感的联系，就
无法一步步完成这些主体际的学习。因为，唯有先在的认同能
使幼儿受到在场的具体他人之感染或鼓励，从而对他者在态度
立场上的变化产生兴趣。

　　或许当我们比较此种理论和认知主义取径对自闭症的解释
之差异时，特别能清楚看到此理论的特殊之处。常见的认知中
心理论认为自闭症的行止必须归因于认知上的缺陷，这和思想
语言能力之障碍相关。托玛塞罗与霍布森则认为，自闭症主要
肇因于幼儿缺乏感受及回应照护者情感的能力。此种情感疏离
（Teilnahmslosigkeit）可能也包含脑部生理学的、基因上的原因，
但这并不改变自闭症儿童在根本上无法认同具体他者这一事实。
此种以情感之重要性来解释自闭症的理论，在马丁·多纳斯的
综论下，显出与我的论题之联结——多纳斯指出，因为自闭症
儿童"在情感上无法感受与回应，致使他们被困于自己观看世
界的方式，而无法认识其他观看方式。自闭症儿童无法看出，
或者比较准确地说，他感觉不到其他人的面部表情、肢体动作
和各种沟通的姿态传达着某种态度或立场。自闭症儿童对于这
些表达方式所显露的心灵内容，或说其所显露的意义，乃是盲
目的。就此而言，自闭症幼儿之所以'心灵盲目'，并不是认知
障碍所导致；其心灵盲目，是由于他最先情感盲目所致"[1]。附

────────────

[1] Martin Dornes，"Die emotionalen Ursprünge des Denkens"，p.16.

带在此一提，阿多诺在他作品中的一些段落也有相近的想法。尤其是在《最低限度的道德》与《否定的辩证法》两著作中我们可以发现，与霍布森和托玛塞罗相近，阿多诺一再指出，人类是凭早期模仿所爱之人发展出心智。《最低限度的道德》里一段著名的箴言说道："人之成为人"，即，成为理性生物，"是因为他模仿其他人"；而此种模仿，阿多诺接着说，"是爱的原型"。[1]阿多诺在模仿他人现象中所见到的"去中心化"，和另外两个作者对幼儿智力学习过程之开端的看法一致。阿多诺认为，是存在上、情感上对他者的共感，使得幼儿得以经验到他人看待世界的观点是重要且有意义的。要能够设身处地从第二人的观点出发，需要预先已存在着某种形式的承认；此种承认无法借由认知或悟性概念充分说明，因为它包含了自然而然的开放性、全心投入或爱。此种依赖孺慕之情，或如阿多诺精神分析式的语言所说，此种原欲之贯注充满对象，使得幼儿能够将自己设身置于其他人的观点，而借此助力发展出对周遭现实的开阔的、不局限于个人的想象。

　　当然，此处讨论的发展心理学的想法，跟之前我证明卢卡奇、杜威与海德格尔思想彼此交会时所特意凸显的观念并不同。在之前的脉络中，我所指出的是，共感或承认之态度相较于其他所有形式的中立与世关系，具有普遍之优位性。而在对发展心理学的讨论中，情感上的呼应能力——相较于我们对人际共享之对象物的认识能力——所具有的优位则仅限于发

---

[1] Theodor W. Adorno, *Minima Moralia*, Frankfurt/M. 2001, p.292（Aph.99）.

生时序上的优先性。因此，不论是就形式或就特征而言，此两
种脉络下所谈的优位性都不相同——对具体他人情感上的联结
或认同，和海德格尔或杜威所说的存在之挂念并不相同。即便
如此，我仍然相信，个体发生学上的发现能够为我所提出的一
般性论题提出第一项佐证。因为，幼儿似乎的确是透过所爱
之人的视角首次意识到，各种既与情境对各人生命之意义有
何分量。正因如此，世界会透过与重要他者的情感联系向幼儿
开启，且其丰富意义与质性使幼儿必须实践上参与其中。起
源与有效性（Genesis und Geltung），或者用马克思主义的语
言来说，历史与逻辑并不该完全区分开来，仿佛幼儿思考能力
的生发条件对人类认识世界的根本意义无关一般。也正是在
此脉络下，阿多诺希望读者理解人类认知能力的原欲—情感根
基——幼儿是从所爱之人的观点出发，习得客观地认识外在现
实。而这一点同时说出人类知识的特质，即我们越是能从多
种不同角度来认识一个知觉对象，我们的知识就越适切与精
准。而要能采纳各种呈现出对象不同面貌的观点，也如同幼儿
所经历的一般，预设了一种非认知的前提（nicht-epistemische
Voraussetzung），即一种自然本有的情感的开放性或情感的认
同。因此，对阿多诺而言，认识的精确与否，取决于情感上是
否能承认他者、取决于情感上我们是否能接纳其他各种观点。
但行文至此，我已经离开了发展心理学的领域，而在不知不觉
中涉及了范畴性之论证。

　　（2）至今为止我所能够证明的是，在个体发生的过程中，
也就是说在一个依时间顺序来理解的过程中，承认必然先于

认识。若我所援引的研究正确的话，那么在个体发展学习的过程中，幼儿必须先能认同重要他者、必须情感上先承认他者，而后才能借由他者的观点认识到有一客观实在。尽管我在上面关于阿多诺的评论里企图暗示，人类思考能力的主体际情感源起条件，很有可能也能作为评判认识有效性之判准（Geltungskritieren），但揣测当然不能取代论证，我们必须在概念上也能证明，承认之于认识具有优位性。不论是海德格尔还是杜威，或许卢卡奇亦然，当他们主张挂念的态度或存在之涉入（existentielle Involviertheit）根本上先于对世界的认识关系时，他们所想的即是此种承认的优位。这些作者都试图证明，一旦遗忘了承认先在这一事实，我们在认识上的努力必将失败或失去意义。正因如此，海德格尔认为，即便是对事物最客观化了的、最科学的认识，仍是某种先在态度的衍生物，而此种先在态度就是他所称的"挂念"。[1] 杜威则写到，一切研究都必须记住，它最初是源自我们对生活世界中种种不确定的驳杂探问，唯有如此，才能使研究不致忘记自身的"规约性原则"（das regulative Prinzip）。[2] 为了指出，我们对世界的认知关系在概念上也与承认态度相联，我将开启与论题较近的第三道途径：我认为，在此脉络援引卡维尔对认识与承认之关系的思考，对我们的讨论将有帮助。

　　我们知道，卡维尔是在对另一观点的批判中形成他自己

---

[1] 可参见 Martin Heidegger, Sein und Zeit, Tübingen 1967（II. Aufl.）, p.136。

[2] John Dewey, "Qualitatives Denken", in: John Dewey, *Philosophie und Zivilisation*, Frankfurt/M. 2003, pp.94—116, 此处见第 116 页。

的承认（acknowledgement）概念的。卡维尔批评那种认为我们可以对其他人的心灵状态——对所谓的"他者心灵"[1]——有直接的、非中介知识的想法。他认为持此论点者太相信对手阵营，即怀疑论者的一项理论前提：怀疑论者一向认为，凡是关于"人是否有通往他人内心的途径"之提问都属认识论的任务，也因此要求相关理论提出可归类的确定性知识作为回答。卡维尔认为，倘若反怀疑论者企图在怀疑论者设定的条件下反驳后者，则必然失败。因为反怀疑论者终究无法否认，我们对于他人内心感受的认识和我们由第一人观点出发所得之知，绝无法具有同质的确定性。任何理论尝试，若依循认识关系模式来描述我们如何通往其他主体的内心状态，就无法适切地指出一项事实，即心灵状态不是单纯的知识对象。任何声称主体清楚地"知道"自己的痛、自己的嫉妒者，忽略了主体是如何深陷或被"钉缚"[2]于这些状态中，而不可能对之有中立的认识或知识。在与他人的关系中，主体自身并非一个客体，主体并不是像报告某种事实那样向他人揭露自己，而是会像卡维尔引维特根斯坦所说，借着引发他人对自己心灵状态的关注来表达之。

　　到这里为止，卡维尔的论述和萨特在《存在与虚无》第三

---

[1] 参见 Stanley Cavell, "Wissen und Anerkennen", in: *Die Unheimlichkeit des Gewöhnlichen*, Davide Sparti/Espen Hammer, eds., Frankfurt/M. 2003, pp.34—75; 关于卡维尔之主体际性理论，参见 Espen Hammer, *Stanley Cavell: Skepticism, Subjectivity and the Ordinary*, Cambridge（Mass.）2002, 第 3 章。

[2] Stanley Cavell, "Wissen und Anerkennen", p.68.

部分中批评怀疑论时所采用的论述十分相近。[1]萨特同样认为，若我们固守怀疑论的前提，以为人通往他人内心的主要途径是靠认知，那么怀疑论关于他者心灵的观点的确是不可辩驳的。但谁若相信人对他人有客观认知关系，其实是在建构一种不可能达到的、对认识之确定性的理想；之所以不可能达到，是因为对身历其中之人而言，各种内心感受绝不会是知识或认识的客体。萨特认为，克服此种不对等的唯一方式，就是以第二人面对其自身心灵状态之关系为模式，来设想主体对第二人的关系；这也就是说，我们在此脉络不再谈知识，而是谈遭逢或置身投入。我们不应将沟通行动者当作一个认知意义上的主体，而应当作一个存在涉入的主体；主体并不是中立地认识他人的感受，他人感受实际上会感染并影响我的自我关系。

即便卡维尔与萨特在方法取径上相异，但在此观点上两人非常相近。在指出任何关于自身感受状态的表述都不可被当作对某种知识的陈述之后，卡维尔对于我们应如何理解根本的人际互动，得出与萨特现象学分析十分接近的结论：在一般的情况下，当一个说话者对第二人表达他的感受时，他会做的是引起第二人对这些感受的关注，而毋需援引某种知识为据；因此，第二人在语言上的反应也不可被理解为一种认识的过程。应该说，对于说话者引发他去关注的这些感受，听话者一般

---

[1] Jean-Paul Sartre, *Das Sein und das Nichts. Versuch einer phänomenologischen Ontologie*, Reinbek bei Hamburg 1993, 尤 其 是 第 405—423 页；参 见 Axel Honneth, "Erkennen und Anerkennen. Zu Sartres Theorie der Intersubjektivität", in: Unsichtbarkeit. Stationen einer Theorie der Intersubjektivität, Frankfurt/M. 2003, pp.71—105。

在回应中所传达的只是他的"共感"。卡维尔如此写道:"在这里我只能说,何以'我知道你的痛'并不表达某种确定性,是因为这句话乃是对**揭露之举**的回应,它所表达的是一种同情共感。"[1]

卡维尔在此处用"同情共感"概念所探讨的事理,大抵便是我之所以援引其论述的原因。卡维尔承继维特根斯坦说明的是,在对他人心灵状态的任何可能认识之前,必然已存在着一种态度,在此态度中,主体感觉自己在存在上参与着他人的内心世界。只要有此种"牵引触动",主体与他者之间便建立起某种形式的联系,那么当他人表达出内心感受时,我就能从而觉知其表达的真正内容——它是在向我提出要求,要求我作出适当的反应。对卡维尔而言,承认,或英文说 to acknowledge,乃是采取一种态度,此态度使我们能将第二人的行为表达理解为预期着某种反应的诉求。[2]倘若此一诉求没有得到任何甚至是负面的回应,这就表示他者的感受表达并未被适当地理解。就此意义而言,卡维尔紧密地将"理解他人关于感受之陈述"和"采取承认态度"此一非认知前提相联结;谁若无法采取此种态度,那么他终将无法维持社会关系。[3]这一点乃是卡维尔与萨特观点分歧之处。虽然两个作者都认为,对社会互动采取认识模式乃是怀疑论传统所留下之

---

[1] Stanley Cavell, "Wissen und Anerkennen", S.69.（着重词为卡维尔原著所加）

[2] Ibid., p.70.

[3] 参见卡维尔对《李尔王》的精彩分析: Stanley Cavell, "The Avoidance of Love", in: *Must we mean what we say*? Cambridge（Mass.）1976, pp.267—353。

负累，并皆以情感相互感染（wechselseitige Affiziertheit）之模式取代之——他们两人都认为主体一般而言确实知道自己面对的其他主体具有种种心灵特质，而这正是因为主体总是会在某种方式上被他者之感受所触动，从而作出某种回应。但萨特从这一存在之事实只导出消极意义的结论，认为主体会因此相互限制对方所拥有的无限的超越性自由[1]；卡维尔则从诊疗的观点坚持承认优位的必然性，认为知识论模式在日常生活世界所造成的误导，危害太深，所以我们必须时时记得人际间存在着彼此同情共感这一事实。卡维尔想借语言分析之介入所达到的目的无他，就是抵抗一种对人际沟通的错误想象——和哲学上常见的预设不同，构成社会互动肌理的，并不是认知活动的素材，而是各种承认态度之实料。我们之所以能够无碍地理解其他人的感觉陈述，是因为我们先行地采取了一种态度，而当我怀着此种承认态度时，他人感觉陈述中对我的行动要求便如同自然而然既存着一般。

　　从上述的摘要中我们应该已经可以清楚看到，为什么我认为卡维尔的分析作为一种系统性论证可以补充我至今对论题的理论史讨论。根据我的诠释，卢卡奇、海德格尔跟杜威皆认为，在社会行动的领域中承认必然先行于认识。我接着引用的发展心理学的发现则有助于进一步从时序上或个体发生之意义上，强化先前大致勾勒出的想法。但一直到引据卡维尔，我才真正地能够不只在时间上，而是在范畴上为我的论

---

[1] 参见 Jean-Paul Sartre, *Das Sein und das Nichts*, pp.471ff.。

题提出辩护。因为根据卡维尔的分析，某一类的语言表达只有在我们怀着某种态度或预设时才可理解，他将此种态度称之为"承认"（acknowledgement）。简言之，语言理解预设了承认他人这一非认知的前提。而卡维尔似乎也与其他三个作者同样认为，这种形式的"承认"比一般谈到"沟通预设"或"观点认取"时，所意味的更多或不同。因为，如同海德格尔的"挂念"，卡维尔的"承认"亦包含了情感之参与（affektive Anteilnahme）以及先行之认同的要素，这些要素在关于理解他者行动理据的讨论中却未能被证成。

当然，卡维尔并不是说，采取承认的态度就等于对他人时时显出善意、和善的回应，相反地，即便是毫不在乎的，或甚至是负面的感受，只要这些回应方式以一种非认知的方式确证了他人人格实存，对卡维尔而言，它们就仍属主体间互相承认的可能方式。[1] 就此意义而言，我在至今关于"共感"的讨论中所用的形容词"肯定的"（positiv），同样并不是指一种正面的、友好的情绪。它所要指出的只是一种存在上的、深及情感的事实：就算我们在此时诅咒或怨恨某人，承认态度使我们仍不得不认许（bejahen）他者自身之价值。或许我们能比卡维尔更进一步说，在这些伴随负面感受所经历的承认中，我们总会隐然觉得自己似乎并未适当而公正地对待他者的人格；此种在承认态度中的幽微之念，或许也就是我们平常称为"良心"者。

---

[1] Stanley Cavell, "Wissen und Anerkennen", p.70.

　　无论如何，可以确定的是，此处讨论的承认态度，乃是主体间互相肯认的根本形式，而尚未包括觉知他人的某一特定价值。不论是卡维尔以"承认"、海德格尔以"挂念"或"担忧"，还是杜威以"涉身投入"（Involviertheit）所指的，都深埋于基底，而任何特殊形式的相互承认——其包含了对个别他人之独有特质的肯认——皆建立在此基础上。[1] 然而，此处仍有一尚未处理之差异，使得卡维尔的分析无法轻易纳入我所凸显的理论传统中。此差异在于，卡维尔与海德格尔、杜威及卢卡奇相反，他以"承认"所称的态度似乎仅适用于人与人之间的沟通。若有任何理论认为，我们对于人类以外的世界也怀有一种先在的承认态度，卡维尔应会对之感到陌生。在这一点上卡维尔与其他作者的差异，还有待我之后回头处理。接下来我要先回到"物化"之主要论题，因为我在此处的一切思虑，最终皆是为了阐明此论题。

---

[1] 因此，相较于我至今为止对承认问题之研究，此处涉及的乃是一更为根本的承认形式（可参见 Axel Honneth, "Unsichtbarkeit. Über die moralische Epistemologie von Anerkennung", in: *Unsichtbarkeit. Stationen einer Theorie der Intersubjektivität*, pp.10—27）。今日，我相信承认的此种"*存在*"模式（Der existentielle Modus der Anerkennung），乃是所有的其他的、较具实质内容的承认形式的根基，在这些其他形式中，我们所肯认的乃是他人某些特定的特质与能力。

第四章　物化作为对承认之遗忘

　　在上一章里，我接连提出了各项佐证，虽然重点各异，但它们所指的方向却是相同的。不论是我所引据的各项发展心理学理论，还是卡维尔的分析，它们都支持此一论题，即不论是就发生起源或是就范畴而言，在人类社会行为中皆存在着一种承认优位——承认优先于认识，对人之共感参与优先于中立地认识他人。倘若没有此种先在之承认，幼儿无法发展出认取他者观点的能力，成人无法理解其互动对象的语言表达。当然，这些理论皆未宣称，我们即便面对的是人以外的事物，也必须采取承认之态度。如我所提及的发展心理学虽认为，对于具体他者的情感认同乃是一切思想的先决条件，却并未主张某种特定的对待物的态度也同样不可或缺。卡维尔则是基于自身独特的研究兴趣，完全未处理人与自然的关系。接下来，我将先暂时搁置此处所涉及的难点，而回到我在阐明承认优位前的论述主轴：我最初的提问是，我们如何能为今日重新提出一个物化概念，其尽可能地顾及卢卡奇的初衷？

　　如先前所指出的，物化概念既不仅指认识上的范畴错误，也不指对各项道德原则的违背。不同于范畴归类之错误，物化有非认识性的意义，它是一种习惯或行为的模式；而与道德的不义相较，物化又无涉于个人的责任或罪责。在与海德格尔的比较中，我们最能清楚看见，卢卡奇企图将"物化"概念界定为一种思想的习惯、一种僵化了的视角，采纳此种视角，将使人失去对他人及对生发之事感兴趣而共感参与其中的能力。卢卡奇深信，此种能力的丧失，将使主体转变成全然被动的旁观者，在此旁观者的眼中，不只是社会周遭与自然环境，甚至是主体自己的内在世界，看来都将如物之集结。回顾至今的论述，我们可以确定的是，"物化"对卢卡奇而言既指过程也指结果。[1] 物化是一种失去的过程，在其中，原初的、正确的态度被次生的、错误的态度所取代；同时，它也是过程所导致之结果，亦即一种物化了的知觉或行为方式。

目前为止我们已经看到，种种理据确实足以使我们相信，至少在社会关系的世界中存在着先行的承认，或说先行的共感参与的态度。但问题是，倘若此种原初的行为形式真如此深植于人类的生活方式中，那么卢卡奇要如何解释，人竟有可能失去承认态度？此处浮现的问题，乃是今日我们试图重启（Reaktualisierung）物化概念所面临的最大困难。因为，卢卡奇不同于海德格尔，他无法将此种失去归咎于存有论之世界图像所造成之败坏影响，而必须就社会现状，亦即，在各种社会实践与制度所共同构成之网络内寻找原因，然而在此网络中，各种承认态度又必然曾发挥其影响力。这也就是说，若我

---

[1] 参见 Georg Lohmann, *Indifferenz und Gesellschaft. Eine kritische Auseinandersetzung mit Marx*, Frankfurt/M. 1991, p.17。

们所遗失者，对于人类之社会性（menschliche Sozialität）具
有如此根本的建构性意义，也因而必以某种方式得见于所有社
会现象，那么我们如何能将"物化"的生发，解释为一种社会
过程？

　　在整本《历史与阶级意识》中，我们实在只能找到一个
回答，但它却是如此缺乏说服力，以致卢卡奇后来自己都将
之否决。[1]根据此回答，物化指的就是原初的、投身参与的
面向被大幅中立化（Neutralisierung）以达至客观化思考之最
终目的过程。若用杜威的话来说，物化在此指的不外是一种反
思式地拉开距离——我们为了认识的目的而从实质的互动经验
中抽离，但这些经验其实先行地与一切知识紧密相连。假若卢
卡奇的看法是对的，假若物化真等同于思想的客观化，那么任
何需要客观化知识的社会发展都成了物化开展的过程。的确，
在《历史与阶级意识》中的许多段落中，作者似乎暗示着，物
化的进程确实就是社会迫使先在之共感态度中立化的过程。显
然，此种太过概括的假设必然有误，但其错误主要是在于，我
们从不认为先行的承认关系乃是思想客观化的对立者，而是视
前者为后者的先决条件。如海德格尔在《存在与时间》中指
出，自然科学对世界的认识乃是可能且合法的，并且是"由挂
念而生"的接续发展[2]；杜威也同样相信，一切将对象客观化

----

[1] 参见 Georg Lukács, "Vorwort"（1967）, in: Geschichte und Klassenbewußtsem,
　　Werke, Band 2（Frühschriften II）, Neuwied und Berlin 1968, pp.11—41,
　　此处见第 25—26 页。

[2] 参见 Martin Heidegger, *Sein und Zeit*, Tübingen 1967（II. Aufl.）, 例如 §33
　　及 §44。

的思考方式都是借着将原初经验中立化而得。这两个哲学家又与之前我引用的卡维尔及发展心理学的观点一致，他们都认为，承认的态度作为一种实践的、非认知的态度，乃是人类能够认识其他人以及外在世界的必要先决条件。与之相较，卢卡奇视承认与认识彼此间之关系为紧张对立，甚或彼此互斥，则非常缺乏说服力。对事物或对人的客观化认识，乃是先在之承认的可能产物，而非其对立面。

　　卢卡奇在概念策略上将客观化等同于物化，导致了一种对社会发展十分可议的想象。依照卢卡奇的观点，若某种社会变革必须借由将先在之承认中立化而达成，且需要将此中立态度透过制度长久留存下来，它就是一种物化。根据此一思路，卢卡奇不得不把韦伯描述为西方文明的社会理性化的进程视为造成社会整体物化的根源。但因为他同时又认为，原初的共感参与态度作为一切社会关系之基础，不可能彻底消失，这使得他对社会的构想陷入死角——倘若任何社会发展，只因其需要我们采取客观化的态度，就成为物化，那么人的社会性至今必然早已瓦解殆尽。这些不具说服力的结论，都是由于卢卡奇在概念运用策略上将"客观化"等同于"物化"所致。我们需以卢卡奇的错误为鉴，在接下来的论述中，以一种不同于卢卡奇文本的方式来理解物化生发之过程。

　　卢卡奇对物化过程的想象可以说既不够完整深入也不够抽象。卢卡奇认为，不论在何种情况下，只要客观化地认识其他人或事理取代了承认，就发生了物化。在此卢卡奇间接否定了客观性的增长在社会发展过程中的重要性。要避免重蹈

卢卡奇覆辙的一种可能方式在于，用外在的评判标准来决定在
哪些社会领域中，是承认态度或是客观化态度具有功能上的必
要性。在《交往行为理论》中，哈贝马斯将物化理解为策略性
的、"旁观的"行为方式侵入特定社会领域，致使该领域的各
种沟通必要条件受损之过程，所采取的就是这种功能主义式的
取径。[1] 此一概念构思在我看来有一明显的缺点，就是功能
主义式的区分隐含着证成规范性判准的内在要求，但此要求
却是它自身无法满足的。因为，仅以价值中立的方式讨论功
能上的必要性，则无法回答究竟从何时开始，客观化的态度
会造成物化之影响。[2]

　　因此我推测，我们必须以一种完全不同的方式，探讨判
定物化发生之标准何在的问题。倘若我们执守于那种简化的
区分，将一切具有疏离形式的观察皆视为先行之承认的对立
面，那我们就太过忽略了，一般而言，承认与共感态度的中
立化，是为了要在智性上克服某些问题。与其像卢卡奇那样，
认为不论何种情况下，只要离开了承认态度就意味着物化之
开端，我们应该要以一个更高的判准为导向，说明这两种态
度之间的关系究竟为何。在一个较高的层面上——在此我们
所见到的乃是不同的关系模式（Modi der Beziehung）——我
们能够区分出两个端点，并以此取代卢卡奇使两者互相对立

[1] Jürgen Habermas, *Theorie des kommunikativen Handelns*, Bd. 2, Frankfurt/M.
1981, 第 VIII 章, 1, 2。
[2] 而此问题最终与哈贝马斯对"系统"与"生活世界"之区分相关，在此区
分中，规范性与功能性之考虑以几难察觉的方式互相交叠，参见笔者分析:
Axel Honneth, *Kritik der Macht*, Frankfurt/M. 1989（Tb-Ausgabe）, 第 9 章。

的做法：一端存在的是各种承认敏锐（anerkennungssensitiv）的认识形式，而另一端则是其他的认识形式，其不再意识到先在的承认态度乃是自身之根源。这个略为曲折的句子要说明的是，区分下面两类态度彼此间的关系应是有益的。我们所区别的是，"承认态度"与"客观化态度"两者之间的关系是否透明可见，抑或模糊不清；两种态度是否可相互转化，抑或互不相通。在第一种状态中，认识活动以及采取距离之观察活动皆会意识到其自身存在有赖于先行之承认。相反地，在第二种状态中，认识或观察活动则截断了自身的依赖性，以为自己全然独立于所有非认识的前提要件。此种对承认的遗忘（Anerkennungsvergessenheit），我们——从一个较高的层面来延续卢卡奇的初衷——可称之为"物化"。它所指的是一种过程，在过程中我们遗忘了，人之认识他人并拥有关乎他人的知识，曾经如何受惠于先在的承认与共感。

　　在继续厘清此观点前，我想简明指出，此观点与我先前所提到的几个作家的想法相当一致。虽然杜威对欧陆的"物化"概念全然陌生，但他在我所引的文章中一再指出，一旦我们的反思忘记自己源于实质的互动经验，就很有可能朝向病态化发展；当思想截断自身根源时，所有科学成就中便会出现一种倾向，倾向于忘记最初其实是存在之遭逢（existentielle Betroffenheit）促使我们开始进行研究。[1]当卡维尔指出，我

---

[1] John Dewey, "Qualitatives Denken", in: *Philosophie und Zivilisation*, Frankfurt/M. 2003, pp.94—116, 此处第 116 页；John Dewey, "Affirmatives Denken", pp.117—124, 此处第 117—118 页。

们必须将先行之承认理解为"展现知识对象自身"[1]时，他的
论述也与杜威并无太大差异。从反面而言，卡维尔所说的是，
一旦原先的共感经验从意识中消失，那么我们根本不知道我们
与互动对象究竟有何关系。而阿多诺尤其不断强调，概念思考
之质量与适切性，取决于在何种程度上，思想活动仍在意识中
保有它与原初爱欲对象——我们所爱之人与所爱之物——之联
系。对阿多诺而言，对曾在之承认的记忆，甚至能确保认识活
动不致变造扭曲其对象，而使我们能从无数不同面向掌握对
象具体的独特性。[2]这三个作者中，没有任何人把共感参与
这一非认知的前提视为概念思考的对立者。相反地，他们一致
认为，只有当反思活动遗忘了对他者的承认乃是自身根源时，
它才越过了分界，而转变为病态的、怀疑主义的、同一性的
思考。我想要以这种"遗忘"或"失忆"，作为重新界定"物
化"概念最重要的关键：一旦我们在认识的过程中忘记了认识
活动自身其实有赖于对他者采取承认的态度，我们便会发展出
一种倾向，将其他人仅仅视为无感受之客体。此处我用"纯然

---

[1] Stanley Cavell, "Wissen und Anerkennen", in: *Die Unheimlichkeit des Gewöhnlichen*, Davide Sparti/Espen Hammer, eds., Frankfurt/M. 2003, pp.34—75, 此处第 64 页。

[2] 可参见 Theodor W. Adorno, *Minima Moralia*, Frankfurt/M. 2001, Aph. 79; Theodor W. Adorno, *Negative Dialektik*, in: Gesammelte Schriften 6, Frankfurt/M. 1973, pp.7—412, 此处第 226—227 页。不同于 Martin Seel (*Adornos Philosophie der Kontemplation*, Frankfurt/M. 2004), 我相信阿多诺关于"承认的认识"(Ibid., 42ff.) 之想法，只有放在下述脉络才能被适当理解，即阿多诺出于精神分析之观点推测所有的认识活动皆有原欲之根基 (Triebgrund)。

的客体"甚或"物"这些概念所要表达的是，在遗忘与失忆中我们也失去了原有的能力，我们不再能不假思索直接理解，他人的行为表达是在要求我作出回应；尽管在认知上我们确实仍有能力觉知人类的各种表达，但我们却缺少一种紧密相系的感受，而唯有此种感受能使我们被所觉知之事物感染打动。因此，此种对先在承认的遗忘——我将之视为所有物化发展之关键点——就另一面而言，确实也是一种在知觉中将周遭世界物化的结果——几乎像是在自闭症患者的知觉世界一样，在遗忘承认之人眼中，社会环境显得像是一个仅由各种可观察之对象所构成的整体，它们既无心理起伏亦无感受。

随着我们把"物化"概念从一个单纯的层面转到一个复杂的层面，从仅仅作为共感或承认的对立者，转而用以指称承认与认识之间特定的关系，自然也就浮现出一连串不太容易解决的问题。首先，我们至少需要一个粗略的想法，用以解释何以认识的过程竟能导致我们遗忘承认先在这一事实。卢卡奇在他过于简单的模式中，即当他认为共感是被纯然旁观式的行为所取代时，引入了"市场"此一社会实在之因素。卢卡奇相信，资本主义市场中匿名的行为制约，迫使主体对他所处的周遭采取一种纯然认识而非承认的态度。但倘若我们以一种较高层次的概念取代此过简的物化概念，我们就无法再像卢卡奇一样，立即直接地转换到社会学的解释层面。我们必须先解释，承认作为社会实践的先决要件，究竟如何可能后来又在社会实践中失落？通常我们不都说，透过实践习作而非透过明言指示所学会的某些特定常规，将不会再被遗忘。若果真如此，何以在发生起源以及概念上皆先在的承认，竟会在日常的认识活动中被遗忘，这究竟如何可能？就我看来，要回答这些问题并不这么困难，我们需要的只是厘清下面这一点，即，"遗忘"在此并不具有"完全废去所学"这样强烈的意义。承认之事实不可能就这样从意识中荡然消失，此处所涉及的现象，必是一种"注意力的弱化"，它指的是承认之事实渐渐褪入背景而从我们的视野中淡出。物化作为"承认遗忘"意味着，我们在认识的过程中，不再注意到，认识本身是因先在的承认而可能。

　　关于此种注意力之弱化，我们至少可举出两个典型的例子，它们能够恰当地区别出两种类型的物化过程。第一类的承认遗忘指的是，我们在实践的过程中太过偏狭地专注于一个单一目标，以至于我们不再注意到其他的，或许更原初的动机与目标。在此我们可以任举打网球为例：当打球者一心只想争胜时，他会忽略对手是他最好的朋友，而他原先是为了对方才来打这场球的。这个例子显示了，单一目的如何脱离缘起脉络而自成绝对。在我看来，这提供了解释物化生发的第一个模式：之所以我们会不再注意到承认先在这一事实，是因为在实践的过程中，观察及认识周遭这一目的被过分地单独强化，使得既与情境中所有的其他要素皆退到了视线之外。

　　第二类用以解释物化生发的"注意力弱化"，则不是出于行动之内在决定条件，而是出于外在决定条件，即，各种僵化的思考范式会影响我们的实践——这些思考范式对社会事实有某种选择性的诠释倾向，它们会导致我们在相当程度上，对某一处境中具有重要意义的因素失去关注。在此我就不再提供任何例子，因为这种情况是如此常见，无需琐碎的举例说明。就此而言，我们之所以会在实践的过程中失去对承认先在这一事实的关注，是因为我们受到僵化的思考范式跟偏见所影响，其认知内容与承认优位之事实互不相容。在此种意义下，或许我们用"否认"或"抗拒"会比"遗忘"更为贴切。

对这两种情况的区别，使我们得出两种模式，并能凭此在我们较复杂的模型中解释物化发生的过程。总结而言，当认识的目的脱离了原先的脉络，认识态度便会渐趋偏狭而僵化，这是物化发生的第一种类型。在第二种情况中，则是偏见或刻板观念使人后起地否认原在的承认。上述这些说明使我们现在得到了理论工具，而得以转向真正相关的社会学解释层面。此种较细致区分的物化发展型态（Verlaufsform），将使我们能针对物化过程的可能成因来研究今日之社会现状——若不是某些制度化了的社会实践将观察之目的绝对化，就是某些具有社会影响力的思想范式迫使人否认先行的承认关系。然而，关于社会学分析的部分，我想要留待最后一章（第六章）再来处理。在这里我想处理一个我至今小心地推迟的问题：我们至今用来证明承认优位的论述，是否能让我们在"人与自然环境"以及"人与自我"的关系中，得出同样的结论？

我在开始的两章所提到的三个哲学家，都同样认为，我们也能够就人与自然的关系主张共感、挂念或承认之优位；就如同我们在对他人采取中立的认识态度前，必然先在情感上被对方感染打动，在我们客观面对物理环境前，它必然也已经先向我们展现其质的意义。不同于这种全面性的主张，我在第三章作为独立佐证而援引的几个理论，则都将讨论范围限于人际世界——不论是托玛塞罗、霍布森或是卡维尔，对他们而言，情感认同或承认优位都仅关乎人，而无关人以外的生物、植物甚至是无生命物。然而，我所试图承接卢卡奇而重新提出的"物化"概念，则认为物化他者的知觉方式不只会出现于社会世界中，而且也会出现在自然环境里；当我们只以中立的态度、照着外在的衡量标准看待日常生活中的物时，我们同样也是以一种不恰当的方式对待它们。我们不难看到，此一直觉想法使我面临一个问题，这和我至今为止讨论"承认"时过于狭义的有效性基础有关——若我们至今所指出的都只是，人在面对其他人时，必然保有着承认态度，我该如何据此证成关于"物化自然"之想法？

我在这一问题上也无意直接使用卢卡奇的解释，而是要寻找一条全然不同的解决之道。若我们停留在卢卡奇的观点，则我们不只必须指出，人面对自然时也必须时时怀有共感的态度。如我们所见，在海德格尔哲学跟在杜威哲学里，我们不难为此种观点找到论据，因为这两个哲学家分别以各自的方式强调，在我们能够以纯理论的方式将自我联系到自然世界前，我们必然已经先行地把握到了其质的重要性。相较之，卢卡奇却还要能更进一步指出，一旦离开承认之视角，我们就无法达到尽可能客观地认识自然之目的。因为，只有当卢卡奇在人与自然的关系上仍能证明，承认对于认识具有范畴上的优位性时，他最后才能宣称，工具式地利用自然会毁损社会实践的必要前提。然而，我看不出来，我们怎样在今日还能为此提出佐证；

即便是在海德格尔与杜威的哲学中，我也找不到支撑点来提出此种强论题，认为客观地看待自然会损及"挂念"或实质经验之优位。卢卡奇用来证明外在自然也有可能被物化的直接取径，显然不堪再用。虽然我们都欣见伦理上人能以互动的、承认的方式与动物、植物甚至无生命之物相处，但此一规范性之愿望偏好无法提供任何论据，证明此种相处方式有不容取代之必要性。反之，在我看来比较可行的是，绕道而行，凭借主体间的承认优位来延续卢卡奇的直觉想法。就此问题，我将援引先前曾略为提到阿多诺关于原初模仿活动的讨论，以此思路支持我的观点。

阿多诺在他的哲学中也主张，是情感上对重要照护者的认同，即原欲于具体他者之贯注充满，开启了我们在认知上通往客观世界的途径。但从这个发生学的论述中阿多诺还得出另一个结论，此结论将有助于厘清我们此处讨论的问题。根据阿多诺的想法，这种情感认同作为认知的前提要件，不只意味着幼儿能因此学会分辨我们对物的立场态度不同于物本身，并从而逐渐建立起关于客观独立的外在世界的概念；更重要的是，曾经深深吸引幼儿的、所爱之人的种种观点，会从此长留于记忆中，当各种对象物随着时间只剩下僵滞的客观意义时，记忆里留下的他人观点会为之开启另一侧面。这也就是说，对具体他人的模仿——其由幼儿之欲力所滋养，在某种程度上会移情于客体——模仿活动会使我们将所爱之人在客体上曾经察觉到的各种意义要素，再次赋予客体，这使得客体的意义远不止于独立自存。主体若能在贯注欲力于对象的历程中，将越多不同他

者之不同观点整合于一个个别对象上，那么对象在客观现实中
对此主体所展现的面向就越丰富。正因如此，阿多诺深信，存
在着人对于人以外之客体的承认，只是对他而言，对客体的承
认仅有转借之义——主体之所以会重视客体的各种独特面向与
意义，是因为后者源出于他人之立场与态度。我们或许必须
以更直接的方式重述阿多诺的结论，以呈现出其中道德与认识
的内在关联：对他人个体性的承认会要求我们，就客体曾被
他人所赋予之各种意义与面向来认识其独特性。[1]如前所述，
我的诠释与 Martin Seel 的诠释的差异仅在于下面这一点。我
认为，阿多诺推测，原欲之充满（Libido Besetzung）能促成
人类的认识活动，而我视此为解释阿多诺的规范性认识论的
基础。

　　但此一极强的规范性要求，其实已经远超过我们此处所
需，即，借助阿多诺思想以重新指出自然也可能是"物化"之
对象。若我们循着阿多诺的思路，就有可能证成相关想法，而
无需再臆想一种人与自然的互动之道并以此为论述凭据。如先
前所说，物化他人，指的是遗忘或否认承认先在这一事实；借
阿多诺我们则能补充说，对他人的先在承认同时也包含着尊
重他人所赋予客体之各种意义面向。若此说为真，若我们对其
他人的承认意味着，我们同时也必须承认他们对各种人以外
之对象的主观想象与感受，那么我们就可以谈一种潜在的对自
然的"物化"：物化自然指的是，我们在认识对象物的过程中

[1] 可参见 Martin Seel, "Anerkennende Erkenntnis. Eine normative Theorie des
Gebrauchs von Begriffen", in: *Adornos Philosophie der Kontemplation*, pp.42—63。

不再注意到该物所另外具有的、源自具体他人观点之种种意义面向。与物化他人一样，物化自然也是一种认识上"特殊的盲目"[1]——我们仅以客观指认之方式看待动物、植物或无生命之物事，未能忆起，它们对周遭之人以及对我们自己而言，有着多元的存在性意义。

---

[1] William James, "Über eine bestimmte Blindheit des Menschen", in *Essays über Glaube und Ethik*, Gütersloh 1948, pp.248—270.

第五章 自我物化之概貌

　　在至今为止的讨论中，我试着借助承认理论之思路，重述卢卡奇经典篇章《物化》中的两个面向。在讨论过程中我们已经厘清了，直接意义的"物化"只能关乎人，而外在自然则只在间接或衍生意义下作为物化之对象。对人的物化指的是，遗忘了先行的承认关系；对客观世界的物化则指，遗忘了各种事物对于曾被我承认的他人而言，有着多样的意义与重要性。在此，使用物化概念的两种方式乃是不对称的，其不对称性在于，"承认"是我们认识他人的必要前提，但并非认识自然的必要前提——我们可以怀着一种物化的态度面对客观世界，而无损于我们以智力把握客观世界的可能性。与此相反，若遗忘了先在的承认，我们则根本无法认识到他人是"具有人格特质者"（Personen）。[1] 因此，不论是无生命之物还是人以外的其他生物，物化既与自然并不会毁损社会生活世界再生产的必要

---

[1] 无疑的，此处的差异也正是传统上将"解释"（Erklären）与"理解"（Verstehen）彼此对立时所强调之差异。参见 Karl-Otto Apel 于此问题之代表性著作，*Die Erklären: Verstehen-Kontroverse in transzendentalpragmatischer Sicht*，Frankfurt/M. 1979。

先决条件，相反地，若我们对其他人采取物化态度则会导致此结果。为了使我们不必完全舍弃"物化自然"之想法，我建议将人类互动之承认前提要件（Anerkennungsbedingungen der menschlichen Interaktion）延伸至人如何对待自然世界这一层面——若我们面对自然时，仅剩下将之客体化的心态，虽不毁损我们认知自然的实践前提，但是就一种间接意义而言，这却破坏了我们与其他人相处互动的非认知条件。因为，在将对象客体化的行为中，若我们忽略了对象物曾经构成他人的生活周遭，且曾由他人赋予存在性意义，那么我们也同样"遗忘"了自己对这些人的先在承认。此外，我也指出，凭借阿多诺的一些思路——尤其是在《最低限度的道德》中——我们能够讨论一种较高层面的"承认遗忘"。而威廉·詹姆斯（William James）在他论人类之"盲目"的著名论文中，又以一种根本上更具说服力且更直接的方式指出，若我们忽略了他人曾如何为其身边物事载以存在性意义时，我们将在何种程度上歧视着，甚至无视于他人之存在。[1]

　　不过，卢卡奇并不仅从两个面向来谈可观察到的物化行为。除了我们与他人的主体际世界，以及由自然对象构成的客观世界以外，卢卡奇认为，内在感受或说心灵活动的世界是第

---

[1] 参见 William James, "Über eine bestimmte Blindheit des Menschen", in：*Essays über Glaube und Ethik*, Gütersloh 1948, pp.248—270；关于客体物对于人类所具有之多样的存在性或心理意义，参见 Tilmann Habermas 极为精彩之研究：*Geliebte Objekte. Symbole und Instrumente der Identitätsbildung*, Frankfurt/M. 1999。否认周遭世界包含的这些多样意义，也就是我在此处所称的"物化"自然，或物化客观世界。

三个现象场域，在其中，应有的共感态度会被纯然旁观的态度
所取代。整体而言，卢卡奇并未花很多心力仔细描述此种自我
物化应有怎样的结构；但他所举的关于记者的典型例子——记
者被迫使自身的"主体性""秉性气质"以及"表达能力"符
合各类可预期的读者兴趣——显然提供了充足的解说材料[1]，
使阿多诺在将近 25 年之后，仍在相关段落详尽引述此例。[2]
然而，阿多诺在此脉络下也并未说明，细节上我们该如何设想
此种对自我的物化关系之结构。虽然阿多诺解释了，当主体需
要在"适当时机处境下运用"自己的各种心理"特质"时，会
像面对"一个内在客体"那样面对这些特质[3]，但我们的问题
仍然未得到解答：要如何描述一种正面的、非物化的对待自身
之主体性的态度？若我们今日要重新探讨卢卡奇物化概念中的
第三个问题丛结，则我们必须就目前的论述方式自问，是否在
自我关系中也能谈一种（具必然性）的承认优位？我们能否
宣称，人类主体在面对自己时必然"在最初以及在大多的时
候"——如海德格尔可能会这么说——怀有一种承认的态度，
也因此，仅具认识意义的自我关系，可被视为一种物化、一种
缺误？

在我看来，有数种不同的理论途径，可引导我们为上

[1] 参见 Georg Lukács, "Die Verdinglichung und das Bewußtsein des Proletariats",
in: *Geschichte und Klassenbewußtsein*（1923）, Werke Band 2（Frühschriften II）,
Neuwied und Berlin , 1968, pp.257—397, 此处见第 275 页。
[2] Theodor W. Adorno, *Minima Moralia*, Frankfurt/M. 2001, Aph.147
（"Novissimum Organum"）, p.444.
[3] Ibid., p.445.

述问题找到肯定的回答。例如我们可以衔接唐诺·温尼考特
（Donald W. Winnicott）的对象关系理论——温尼考特从对幼
儿之分离过程的观察得出结论，认为个体之心灵健康取决于对
自身原欲内在（Triebleben）的游戏式探索。[1]这种勘探模式
之自我关系所具有的特质，应该就是我们相信一种承认自我
的态度会有的特质。[2]另一种支持承认于自我关系中亦具有
优位的理论途径，则是亚里士多德在《尼各马可伦理学》中过
少被注意到的、对"自我友谊"的思考。[3]亚里士多德视善
意掌控自身情绪与欲望为成功的自我关系的先决条件，或许也
能阐明一种以承认态度面对自己、面对个人"内心世界"的
自我关系。最后，或许我们能以彼得·毕里最近关于"获致"
（Aneignung）自身意志之必要性的反思为第三例。[4]毕里认
为，真正的意志自由并不是单纯地、如其所是地接受自身愿望
与感受，而是要能够经由表达使得这些愿望感受真正地属于我
们。从毕里描述的"获致"的过程中，我们能够想象，在一种
承认的自我关系中主体需要做什么。

　　然而，上述这些阐述说明都预设了，我们已经知道该如
何在关于自我关系之脉络中适当地使用"承认"概念。但实际

[1] 参见 Donald W. Winnicott, *Vom Spiel zur Kreativität*, Stuttgart 1989；及 Axel Honneth, *Kampf um Anerkennung. Zur moralischen Grammatik sozialer Konflikte*, Frankfurt/M. 1992, pp.157ff.。

[2] 可参见 Axel Honneth, "Dezentrierte Autonomie. Moralphilosophische Konsequenzen aus der Subjektkritik", in: Das Andere der Gerechtigkeit. *Aufsätze zur praktischen Philosophie*, Frankfurt/M. 2000, pp.237—254。

[3] Aristoteles, *Nikomachische Ethik*, 卷 IX, 4—8 章。

[4] Peter Bieri, *Das Handwerk der Freiheit*, München/Wien 2001, 第 10 章。

上，我们通常却都是在涉及人际互动时使用到这个概念。所以这个概念是否也能施用于人对自我之关系，仍有待讨论。再者，上述的三个理论模型皆明显近于一种规范性或伦理理想 *，但我所谈的对自我之承认的优位，则必须具有社会存有论的意义。因为，若物化现象甚至能够深入到主体对自我的关系中，那么我们就必须能预设存在着一种"原初的"、正常的自我关系，与之对比，我们才了解自我物化乃是一种有问题的偏差状态。出于这些理由，我认为较合适的处理方式，并非立刻援引概念相近的想法，而应该先看清楚此处所要探讨的事理本身，即用"承认"这一概念，我们将能有意义且可信地描述人类在面对自身各种愿望、感受及意图时，所普遍怀有的态度。

或许适合用来证明上述论题的第一步，是先厘清此论题的反方观点为何。有一种广为流传的看法认为，我们必须以所谓的人与客观世界之关系为模本，设想主体与自我的关系——当自身愿望与感受浮现时，我们应该对之抱持一种认识的态度，就好像在想象中我们中立地觉知注意到世上的物事一样；主体可以像知觉客观现实一样地转向自身，以观察某一特定的心灵活动。戴维·芬克斯坦（Dawid Finkelstein）在他最近的研究中，将这种自我关系的模式贴切地称之为"侦探式"自我关

---

* 此句英译将德文原文中的上述三者，误解为三种物化型态，指其关乎"伦理理想"。但此处文义上所指的，乃是温尼考特、亚里士多德与毕里的理论。霍耐特此书论述的核心在于，他是要以社会存有论的论证，而不是要借道德原则，或更不具普遍意义的特定伦理理想，来重建"物化"这一社会批判的范畴。由于英译此处文意正与原书立意相反，特此说明。——译者注

系——主体被设想为侦探，而他之所以对自身愿望与感受有特有之知，是因为他是像透过寻找过程一样，找到或"发现"内心世界里的愿望与感受。若根据此一模式，主体的内在意图在主体转向自身之前就已经存在，主体需要的只是去发现它们、使之成为意识思考之对象。[1]然而，如同我们先前介绍卢卡奇、海德格尔及杜威之思想时所见，认为人与客观世界根本上处于一种认识关系，乃是一种毫无说服力的想法，我们在此不难接着问，若用此种想法来讨论自我关系，可会更可信？

认知主义式的理论面临的第一个困难是，它必须执守自我关系与认识"外在"客体两者之间的平行类比，必须设想主体有一内在的认识器官（Erkenntnisorgan）——不管此种指向"内在"的认识活动详貌为何，此说无论如何必须预设一种特殊的感觉能力，如此我们才能够像是凭借感觉器官知觉客体对象物那样地知觉我们的心灵状态。对此种"内在之眼"的想象早有许多批判，我在此只提约翰·塞尔（John Searle）具有代表性的后退论证。塞尔指出，若说人是经由一种对内的知觉活动而得以意识到自身的心灵状态，那么此种知觉活动自身必然也造成了一种心灵状态，必须透过更高一阶的知觉活动来理解，而如此一来必然导致无限后退。[2]不过，将自我关系视同于认识过程之所以显得如此不可信，并不只是因为此说在概念上必须设想一内在的知觉器官。此种看法的第二个困难更在于，在现象学意义上，此说对内心体验状态的想象极不清楚且

[1] David Finkelstein, *Expression and the inner*, Cambridge（Mass.）2003，第 1 章。
[2] John Searle, Die Wiederentdeckung des Geistes, Frankfurt/M. 1996, p.195.

易造成误解。倘若人的各种愿望与感受应被视为有待认识之客体，那么，心灵状态就应该也像客观世界之实体一样，有着可明确区隔及独立自存之特质；不论是感觉状态或是意向企图，种种心灵生发现象在我们借反身内视（Rückwendung）发现自我之前，应已具有清晰轮廓。显然，此种观点无法恰适理解下列事实，即心灵状态之内容多半混杂且极不确定，无法被轻易地确切掌握；人若要确定自身愿望与感受为何，还必须要另有行动，其足以为仍然混沌不明的内在状态赋予轮廓清晰的意义。就此而言，依发现既存物事的认识模式来设想自我关系，实为一种可议的、或根本是误导人的想法。

针对此种认识模式，我们还能轻易提出其他有效批评，而这些批评都与心灵状态独特的存在方式有关。例如，内心愿望与感受也很难依时间空间一一归类，所以也几乎无法被视为某种占有空间时间的客体存在。[1]而仅仅是上述这两点批评，就足够让我们在此以一种可信的方式，提出关于自我物化的概念——就像人对物之世界的关系远超过认识关系一样，主体对自我的关系也很难仅以认知地把握心灵状态解释之。

与上述"侦探模式"很不相同的是，很早以前，或许是从尼采开始，就存在另一种全然强调自我关系中积极主动要素的模式。而这种"建构主义模式"的导向，和我们讨论承认优位的自我关系时所强调的，亦相去甚远。建构主义

［1］Pascal Mercier（Peter Bieri）最近出版的小说对认识模式之自我关系有一系列批评：*Nachtzug nach Lissabon*，München/Wien 2004。

（Konstruktivismus）或 constitutivism[*]——此处再引一个芬克斯坦的用语[2]——将侦探式认知模式所无法解释的自我关系之独特性，转化为可用之资源——虽然人在谈到自己的心灵状态时，的确具有权威性且能够十分有把握，但对其内容，我们不可能拥有像对感官对象那样确定的知识。建构主义根据此一不对等性得出了如下结论，即心灵状态必然是经由我们主动建构所致。在我们对一个互动对象说出某些特定意向的那一刻，可以说，我们同时也下了决定，要让这些意向得以存在。人对于自身种种内在感受的不确定，原是不得不然，在此却被称许为一种建构上的成就——根据此说，人关联到自身的心灵状态的方式，是借着骤下决定为之赋予内容，并随即透过语言行动将此内容表达出来。此种模式相对于认知模式的优点是，它既不需要预设一种内心的知觉能力，也不用把内在状态等同于某种客体；它将我们的愿望与感受宣称为自由意志决定之产物，因此，主体似乎也为自己负完全的责任。

　　然而，上面这最后一句评论也同时点出了，若我们仔细审视，建构主义其实也和侦探模式一样必然会陷入严重的解释困境。若说，将人的自我关系理解为某种对内的知觉活动的想法之所以无效，是因为我们的内心状态具有非对象性的特质；那建构主义式的想象之所以失败，则是因为人类心灵有着遮蔽且难以捉摸之本质。没有哪一种我们在心里隐微察觉之感受真是如此透明清晰，好像我们只需要给个名称，就能

---

[*] 此处依作者意，更改为英文原文。——译者注
[1] David H. Finkelstein, *Expression and the Inner*，第 2 章。

为任意为之赋予某种经验质性。而从现象学的观点而言，我们与绝大部分自身之心灵状态相遇的方式，乃是遭逢，我们是先被动受制于种种感觉、愿望或是意图，而后才得到对之进行诠释的空间。[1] 当建构主义赋予主体一种无限的自我谓述（Selbstattribuierung）的能力时，它所似乎想要否认的，就是内心感受这种受限之本质。建构主义认为，我们之所以熟悉自身内心状态，是因为这些内心状态是由我们自己所创造出来的，此种想法的错误在于，其未能理解内心状态的局限性。尽管人或多或少能够借由诠释部分地塑造自身感受，但其他消不去的、被动承受而无能为力的部分，却会大幅地限缩诠释的空间。

当我们提及自我关系中此种被动的成分时，并不是为了要重新回到认识模式，又再把内在感受想象成独立客体。建构主义之洞见我们应予保留，即内心状态并不独立自存于我们对此状态之意识及语言表达之外。只有当主体注意到痛感时，痛才存在；只有当我至少能约略表达出来时，我才算察觉到某个愿望。建构主义的错误始于，它将此种互相依赖的条件关系理解为一种创造机制，仿佛仅仅是对痛的意识使得我们有了痛感，仿佛所有的愿望都是借语言活动而产出。事实上，某种"不确定的什么（etwas）"必已经先在，我们为之赋予词汇、对之投予注意力。这一点说明了，为何建构主义从正确的

---

[1] 参见此具有代表性之研究：Hermann Schmitz, "Gefühle als Atmosphären und das affektive Betroffensein von ihnen", in: *Zur Philosophie der Gefühle*, Hinrich Fink-Eitel/Georg Lohmann, eds., Frankfurt/M. 1993, pp.33—56。

出发点却得出了严重错误的结论——若是没有被动感受得来的刺激，我们根本就不会凝聚注意力或寻索恰适的字词。这并不是说，我们必须假想有某种客体，概念上全无历史内容地、像是某种第一自然那样影响着我们。反之，通常我们皆约略知晓自己的愿望感受，这是因为在社会化的过程中我们学会了，在语言共享的生活世界的脉络中理解感知这些心灵状态。的确，我们还是会一再为自己的内心状态感到惊讶，它们有时显得如此陌生与晦暗，而这正是因为它们未能经历任何语言社会化的过程，这些情况或是源于实际上的不熟悉又或是因为曾发生去符号（Desymbolisierung）的过程所致。[1]然而，即便是在这些情况中，我们还是能怀着某种态度，从已经熟悉的情感视域出发，对照比较这些陌生的感受，借此理解它们并将之表达出来。若依照此种模式来设想自我关系，就出现介于侦探主义与建构主义中间的另一可能模式，其可称之为"表达主义"（Expressionismus）。在此，我们既不是像单纯觉察一个客体物那样觉察到自身的心灵状态，也不是借着语言陈述来建构此状态，而是根据内心已经熟知者来表达之。[2]而当主体以此种独特的方式与自身建立关系时，他必然认为自身感受愿望有被表达的价值，所以，我们在此脉络下谈承认先在之必然性，应也是合适的。

　　此种形式的承认，并不是以互动者为对象。面对互动者

---

[1] 参见 Alfred Lorenzer, *Sprachzerstörung und Rekonstruktion*, Frankfurt/M. 1970。

[2] 我在此处择取"中间之道"的想法，亦取自 David H. Finkelstein, *Expression and the Inner*, pp.58ff。

时，互动者必然因其人格性（Personsein）先被我们所承认，我们才有可能与他或她进行任何沟通。而此处的承认指的是，主体必须先已承认了自己，才有可能以表达的方式接触到自身的内在状态。若是自身的愿望或感受自始就被视为毫无表达价值，那么主体将无法寻得通往自身内心的途径，而后者应存于自我关系中。近来，这种对自我的承认常被类比于海德格尔的"自我挂念"（Selbstsorge）[1]，即主体在面对自我时，首先也带着一种挂念且投入的态度，而海德格尔认为，人同样是以此种态度对待其他的人与物事。若我们将此种"自我挂念"的相处方式理解为先前所说的：将自身愿望与感受"视为有价值的"，且不投射任何额外的伦理学之企图于其上，那么它和我想以"自我承认"指称的态度乃是相同的——任何一个主体若要能与自身处于一种表达的关系，她或他必须先能肯认自我，肯认自己的心理经历值得被主动认识及表达。[2]此种对自我承认的定义和哈利·法兰克福（Harry G. Frankfurt）在近作中提出的"对己之爱"（Selbstliebe）[3]也十分相符。我与法兰克福皆预设，人会以某种方式认同或肯认自身愿望与意图，而这会近乎强制地使我们想要发现自己根本的、真正的或说"第二序"的愿望。人在这种自我探索的过程中所持的态度，就是我称为

[1] 参见 Michel Foucault, *Die Sorge um sich. Sexualität und Wahrheit 3*, Frankfurt/M. 1986。

[2] 至于在何种程度上，此种建立自我关系的能力取决于他者对己之承认，可参见 Ernst Tugendhat 近来对此问题的讨论：*Egozentrizität und Mystik. Eine anthropologische Studie*, München 2003，第 2 章。

[3] 参见 Harry G. Frankfurt, *Gründe der Liebe*, Frankfurt/M. 2005，第 3 章。

"表达的"态度。或许与法兰克福不同的是，我相信这种对自我的承认，也就是弗洛伊德在其精神分析学说中预设的一种完全自然而然的、无可继续追问的面对自我的态度。

要从上述这个结论导回我们真正的主题，即卢卡奇对于可能的自我物化之想法，我们只需要稍微调整对前述两种自我关系模式的诠释。我在至今的论述中皆预设侦探主义和建构主义乃是两种错误的界定自我关系的方式——不论是以为心灵感受只是某种认识对象，或以为我们可以借着自我谓述建构内在感受，这两种模式都无法贴切地描绘人的自我关系。但我们何不把这两种模式当作两种可设想的错误的自我关系？倘若我们将侦探主义以及建构主义转而诠释为一种"意识形态批判"，那么它们就不是在描述那真正原初的，而是在描述两种缺误的自我关系模式。

在侦探模式上我们不难阐明此处所说的诠释观点转换。侦探模式认为我们应将自我关系描述为一种认识过程，此想法无意中勾勒出了一种社会人格类型（Sozialtypus）——我们只需想象某个主体，他或她总是将自身愿望视为某种有待观察与发现的固定不变之物，就可对此类型得到一具体印象。同样的，建构主义所描述的模式也可解释为一种对特定社会人格类型的写照。我们可以想象，某些人活在一种假象中，以为他们经过计算考虑、特意对别人展现的感受与愿望，真的就会是他们自己的感受与愿望。这两个例子说明了，依侦探主义与建构主义所勾勒的模式，我们的确能设想不同的面对自我的方式。第一例中的主体关联到自身内心状态的方式，就像是关联到某种僵化固定的既与之物一样，第二例中的主体则视内心状态为可制造之产品，其性质可由主体随时机情境决定。当然，我在此处的措辞与陈述方式，也已经过挑选，目的是为了尽可能显示出这些模式与自我物化现象之间的关系——不论是侦探主义还是建构主义所描绘的自我关系，它们之所以同于某种自我物化的过程，是因为它们都以无生命的既与物为模本解释内心状态。而两种模式的差异仅仅在于，在第一个模式里，主体经历到自身感受时，仿佛经历着某种"内在的"、已完成的、仅待发现的固定对象物，而在第二种模式里，内在感受则像是可工具性产制之物。

在上述这些说明之后，我们应会同意卢卡奇的观点：自我物化的确是可能的，而自我物化在此指的是，我们经验到自身感受与愿望的方式，像是经验到物质存在一样。在现今的文学作品中，充满了对这类人格特质的描述——书中人物不是困守于自我观察之循环，就是费尽心力造作各种策略上有利的动机与需求。[1]与此发展同时的，乃是今日精神分析文化的渐趋式微。精神分析之文化要求个人以开拓未知之态度面对自己，以期在步步尝试中，探索自我的各种目标，而非纯然观察甚或操纵之。[2]

根据我们至今为止的讨论，要指出导致自我物化之趋势的

---

[1] 对第一类的典型描述，参见 Judith Hermann, *Sommerhaus, später. Erzählungen*, Frankfurt/M. 1998；对第二种类型的描述，参见 Kathrin Röggla, *Wir schlafen nicht*, Frankfurt/M 2004。

[2] 参见 Jonathan Lear, "The Shrink is in", in: *Psyche*, 50/7（1996），pp.599—618。

主要原因，或许最恰当的概念仍是"承认遗忘"——只有当主体遗忘了自身愿望值得被表达与获致时，自我观察或自我产制的模式才会主导个人对自我之关系。就此意义而言，自我物化与物化他者，同样是对先在承认的关注减弱所致。就像人在物化他人时，忘记了自身其实已经承认着他者，物化自我者也忘记了这一事实，即我们与自我相遇（begegnen）时，必然早已怀着承认的态度，因为唯有如此，我们先前才能够寻得通往自身内心感受之途径。人若要知道，到底什么叫作拥有愿望、感觉与企图，就必定曾在经历到这些感受时，感到它们是自我中值得肯认的一部分，其应被我们自己以及我们的互动对象所了解；此种在自我关系中的承认，就与我们面对他人时一样，有着不只是发生时序上的优位意义。

根据此一根本结构，我们不难得出自我承认关系的其他面向，其中也包含了我在本章开始时提到的数种理论。不论是温尼考特所谈的创造性—游戏式探索自身需求，还是亚里士多德的自我友谊，或毕里所说的获致自身愿望，这些理论乃是对自我承认之不同侧面的补充；而自我承认指的是，一种主体必然时时怀有的对自身的态度，因为主体必然将自己内心状态理解为自我之中可表达，也值得表达的一部分。若我们遗忘了——不论我们是无视或忽略了——这种自我肯认，就有可能出现不同形式之自我物化。之所以此种自我关系可被称为"物化"，是因为，我们经历自身之愿望与感受如同经历客体之物，仿佛其能被动任由我们观察或主动建造。

第六章　物化之社会来源

至今为止，我尝试从物化的不同（主体际、客体的、主体的）面向，将此社会现象之起源追溯至承认遗忘这一事实。然而，在过程中，我略过了卢卡奇分析中最核心的部分。当卢卡奇观察疏离旁观的行为模式如何日渐主导职业生活、人与自然的关系，以及社会关系时，他所有的分析最终皆汇集于一个社会理论的论题，即一切的物化现象都肇因于资本主义中商品交易之普遍化。卢卡奇相信，一旦主体被迫以经济交易的方式进行社会互动，他们就必然会以看待物质客体的方式，看待互动的对象、交易的商品以致他们自己，并且相应地以一种旁观的态度联结自身与周遭环境。若我们要仅以一个单一的、根本的理由来反驳这个囊括一切的论题会相当困难，因为这论题本身包含了太多可议的部分。根据我们至今的分析，只有当人遗忘了他者之为人（Personsein）时，才是"物化"他人，而单是这一点就足以使我们注意到，卢卡奇将商品交易直接等同于物化，显然难以使人信服。因为，即便是在经济交易中，互动的双方通常都会意识到对方至少仍具有法权人格（rechtliche Person）。但另一方面，卢卡奇的论题也勾勒出了一个任务，此任务是任何关于物化过程之分析皆需面对的根本挑战：倘若物化态度之成为趋势，不能单纯归因于精神或文化发展过程，那我们就必须能指认出，是哪些特定的社会结构或社会实践助长了或造成了此种趋势。作为全篇之结论，我想要从三个不同观点，为此种物化之"社会病理学"（努斯鲍姆）发展一些准备性的想法。在先前我们探讨什么是造成对他人之"承认遗忘"的可能原因时，我的想法中隐含了几项假设，这些假设也将支持我此处之讨论。

（1）依照卢卡奇的描述，资本主义市场社会的扩展必然会全面导致物化态度，物化会出现在所有的三个面向中，而最后仅剩下物化着自己、物化着自然周遭，以及物化着他人的各主体。卢卡奇分析中这种全盘概括之性格，是由许多概念上的以及事理上的错误所造成。在此我只讨论其中几项，而对这几点的分析，将特别有助于我们接下来理解物化之社会来源。首先，在概念上，卢卡奇有一种非常可议的倾向，就是他将各种社会关系中的去个人化（Entpersönlichung）视同于物化之过程。众所周知，西美尔在其《货币哲学》中曾探讨，各种与市场交易相关的人际互动之增长普及，在何种程度上和我们对互动对象之日趋冷漠彼此相关。[1]西美尔在此指出的是，当他人在社会行为者的眼中，只是金钱中介之交易活动的彼方，那么他人无可取代的各种特质将不再具有沟通上的重要性。卢卡奇虽未明言，却将这个由西美尔所分析的"实事化"

[1] Georg Simmel, *Philosophie des Geldes*, in: Gesamtausgabe, Bd. 6, Frankfurt/M. 1989，特别是其中的第 4 章。

（Versachlichung）过程等同为一种社会物化的过程，而并未适当地探讨两者之间根本的差异。如同西美尔所强调[1]，即便是在"去个人化"的金钱交易关系中，我们若要能接受对方为可担负责任之交易对象，就必然会记得，对方具有各种普遍之人格特质。反之，物化他人，则意味着彻底否认他人之为人。也就是说，去个人化的社会关系预设了我们对匿名他者的根本承认，而物化指的恰是否定或"遗忘"此先在之承认。就此而言，物化的过程不可跟一般"实事化"的过程混为一谈。根据西美尔的观点，大幅增长的各种经济交易关系扩展了我们的消极自由，而实事化的过程乃是我们为此必须付出的代价。

和卢卡奇将"去个人化"等同于"物化"一样引人质疑的是，卢卡奇在其概念体系中，倾向于将不同面向的物化视为一不可分的整体。虽然卢卡奇确实尽力区分此三面向，即区别人对他人、对客体以及对自我之物化，但他同时却又仿佛理所当然地预设，任何一种形式之物化的出现，必然会导致另外两种的跟进。对卢卡奇而言，这三个面向会彼此交互影响，并非经验层面之问题，而是出自概念之必然。我的观点则与卢卡奇不同。我在迄今的分析中——至少间接地——试图指出，不同面向的物化彼此间不必然具有关联性。只有在对客观世界的物化上我们可谈此种关联性，因为这是由人遗忘对他人之承认衍生所致，物化客观世界与自我物化就不必然相关。是否对人的物化必然会造成对自己的物化？又或者反过来，是否，以及在何

[1] Georg Simmel, *Philosophie des Geldes*, in：Gesamtausgabe，Bd. 6，Frankfurt/
　　M. 1989，p.397.

种程度上，物化自我必然导致物化他人？这些问题引人思索，但绝无现成答案。若要宣称三者之间彼此相互蕴含，则必需要有进一步的分析。

卢卡奇在物化分析中所提出的社会病理学还有第三个问题，此问题不再关乎概念范畴上之预设，而关乎事理上或说论题上的预设。卢卡奇承继了马克思经济基础与上层结构之论题，认定经济领域有着塑造文化生活的强大力量，而经济现象必然会直接影响所有其他的社会领域。卢卡奇也因此理所当然地预设，他原先仅在资本主义市场交流中发现的物化现象，将会像疾病感染一般地，扩散到所有社会生活世界里。然而，尽管卢卡奇宣称是整体社会之"彻底资本主义化"造成了全面物化之趋势，但他却无法——甚至只是最初步地——指出，家庭、政治公共领域、亲子关系或休闲文化实际上真的遭到资本主义市场原则之"殖民化"。正因如此，卢卡奇所持的经济造成全面物化的想法，始终未能免于武断之嫌，且此想法将物化等同于去个人化这一点，本身就已带有疑义。

在卢卡奇对物化的社会学分析中还有一个特别显见的论题上之问题，这第四个问题应该也和卢卡奇独重经济领域相关。当我们今日隔着八十年的历史距离重读卢卡奇的文章，我们无法不感到惊讶，卢卡奇竟单单只在与经济交易过程相关的现象中见到物化；对于其他一切在今日看来明显是物化的行为，如种族歧视或人口买卖[1]中各种待人如非人的极恶之举，卢卡奇

---

[1] Avishai Margalit 对此议题有锐利的分析：*Politik der Wurde. Über Achtung und Verachtung*，Berlin 1997，第 2 部分，6。

皆毫无着墨。卢卡奇对所有这类物化的现象视而不见，并非出于偶然，不是因为他无意中忽略了或他尚未能觉察到这些现象，真正的问题出在卢卡奇系统的盲目，而这又和他的偏见不可分——卢卡奇认为只有经济上的强制性力量会使我们否定他人之为人的特质，而对于种种意识形态信念之影响力，其足以使人将某群体里所有的人贬抑为非人，使他们看来像是无生命之物，卢卡奇却完全不讨论。卢卡奇的目光是如此偏执于资本主义商品交易对行为的影响，以至于他无法认识到物化的其他社会来源。

上述这四个问题足以说明，我们今日应当彻底舍弃卢卡奇的社会学解释架构。虽然卢卡奇的立意完全正确，他想要让人注意到，资本市场交易在机构制度上的扩充可能带来物化之后果，虽然在此脉络下他使人见到此一事实，即当我们看待或对待其他人如同商品时，我们必然"忘记"了我们对他人先在的共感与承认，但卢卡奇的取径不论是在概念上还是在题材上，都因为将商品交易等同于物化而太受局限，这使得他无法为一种既全面又细致的分析提供理论基础。

（2）我在之前的段落中已点出，若要以一种与卢卡奇完全不同的方式重新建立物化之社会病理学，所需要的首要步骤为何：如果所有物化的核心都在于一种"承认遗忘"，那我们就必须在各种行为与机制中，寻找那些系统地导致或强化承认遗忘的社会成因。不过，在此却出现了一个我们之前无法妥善处理的附带的问题，就是，由于物化他人与自我物化并不必然同时发生，两者的肇因或许极不相同；虽然这两者乃是承认遗忘的两种形式，但由于其特征质性是如此不同，或许它们也各有各的社会根源及在社会中形成的方式。因此，当我现在试着较准确地描述造成物化形成的可能原因时，我将会分开处理这两种类型的物化。

如我先前（参见第四章）已经指出的，之所以有人会对其他人（或其他群体）采取物化的态度，是因为这些人出于下列两个原因遗忘了先在的承认：或许是因为他们参与了某种社会实践，在其中，全然旁观的态度被过度强化而自成目的，使得主体对先在之社会关系的意识皆被抹去；又或者，某种信念体系引领了他们的行动，此信念体系迫使人否认原初的承认。虽然在这两种情况中，都是某种先在的、直觉上可把握者在后来被遗忘，但在第一种情况中，是某种特定的实践活动本身造成遗忘，而在第二种情况中，遗忘则是因为主体采取了某种特定的世界观或是意识形态所致。因此，我们也可以说，在第二种情况中，物化是某种物化他者之信念体系（verdinglichendes überzeugungssystem）在习惯上造成的衍生物，在此，否定承认之根本动力源自特定意识形态之内容，而不是由某种实践活动所造就产生。

当卢卡奇视资本主义商品交易为所有型态之物化的唯一社会根源时，他想到的仅是先前这种情况，即物化态度是因进行某种偏狭的实践活动而产生。不过，卢卡奇在此不只未能区分"去个人化"与"物化"，他还忽略了一个事实，就是经济交易双方的法律地位会保护彼此免于受到全然物化态度之对待。因为，不论一方如何纯粹由追求个人最大利益之观点看待另一方，交易合约中的法律约束仍会保障对方享有最小的但却具有强制性的要求，使人必须顾及对方之为人的各种根本特质（personale Eigenschaften）。[1] 法律的保护作用显示了，"承认先在"这一事实如何在一种最低限度上但同时又是最有效力的方式上得到转译。[2] 而卢卡奇并未见到法律的保护作用，这是因为在他看来，现代的法律机构与制度本身就是资本主义经济体系中各种物化趋势之产物。不过，此处显出的两者之间的关联，可以从反方向使我们注意到一个事实，就是当纯粹"观察"的实践活动不再受制于法律对承认的最小保障时，物化他者的态度就会随之增长——不论在何种情况下，当纯然观察、评估或计算的实践活动，脱离了生活世界之脉络而自成目的且不再能够根植于法律关系时，那么对先在承认之忽视便会应运而生，而后者乃是所有人对人之物化的核心。今日许多社会发展方向，不论是工作合约中法律实质之趋于空洞化[3]，或已可见初步迹象的、基因上对孩童天资潜能之测量乃至操控[4]，都

---

[1] 康德对于婚姻契约之支持，即是根据此一考虑。康德认为透过婚姻契约可防止性关系上之彼此物化。关于此构想之优缺点，参见 Barbara Herman, "Ob es sich lohnen könnte, über Kants Auffassungen von Sexualität und Ehe nachzudenken?", in: *Deutsche Zeitschrift für Philosophie*, 43/6 (1995), pp.967—988。

[2] 参见此具有代表性之研究：Joel Feinberg, "The Natur and Value of Rights", in: *Rights, Justice, and the Sounds of Liberty. Essays in Social Philosophy*, Princeton 1980, pp.143 ff.; Axel Honneth, *Kampf um Anerkennung. Zur moralischen Grammatik sozialer Konflikte*, Frankfurt/M. 1992, pp.173—195。

[3] Robert Castel 对此有极佳之分析：*Die Metamorphosen der sozialen Frage. Eine Chronik der Lohnarbeit*, Konstanz 2000。

[4] 参见 Andreas Kuhlmann, "Menschen im Begabungstest. Mutmaßungen über Hirnforschung als soziale Praxis", in: *WestEnd. Neue Zeitschrift für Sozialforschung*, 1/1 (2004), pp.143—153。

反映出上述趋势——在这两个例子中，原先经由制度化而建立起的各种防范门槛，其能够避免承认他者之原初经验遭到否认，如今皆面临动摇之危机。

　　而在第二种情况中，当各种信念体系——其明显以物化态度将其他族群刻板地类型化（Typisierung）——成为承认遗忘的主要原因时，要界定社会实践和人际物化两者之间的关系会比乍看之下来得困难。虽然我之前曾说，在这种情况下，单是采纳这类意识形态，就足以使人否认先在的承认关系——我们似乎必须如此设想此一社会过程，即物化他者的刻板分类（女人、犹太人等等），会使得被如此看待者的人性特质事后被取消，而这些特质基于承认之社会先在性，原是自然而然被赋予的。许多社会学者也确实采用上述这一模式来解释种族歧视或对女性的色情呈现。然而，此处描述的过程却完全无法说明，为何仅仅是某种思想架构或描述系统就拥有这样的力量，足以撼动为我们所熟悉的承认事实，使其在社会关系中支离破碎。无论如何，我们都难以想象——就像萨特在《论犹太问题》中所描述的那样——仅仅是智性途径本身，就足以驱使人坚决地否认其他社群成员的人性特质。[1]或许在这个问题上，较有意义的做法是，我们在解释时应该同样考虑实践的因素，我们应预设偏狭之实践活动和意识型态信念体系之间有着交互影响

---

[1] 参见 Jean-Paul Sartre, "überlegungen zur Judenfrage", in: *überlegungen zur Judenfrage*, Reinbek bei Hamburg 1994, pp.9—91；Catharine MacKinnon 对于 "智性式"（intellektualistisch）地解释女性之客体化，提出极具说服力之批评：*Feminism Unmodified*, Cambridge（Mass.）1987。

之关系——疏离的旁观和工具式地看待他人这类的社会实践方式，会从物化式的刻板分类得到认知内容上之支持，并因此益发严重；或者反过来说，当各种类型化的描述为偏狭的实践活动供应合适的诠释框架时，它们同时也获得引发动力的养料。循此方式便会发展出一种行为体系，使人对待特定群体之成员如同对待"物"一样，因为对他们的先在的承认被回溯地否认了。

（3）仅从结构上我们就可清楚看出，对他人之承认遗忘和对自我之承认遗忘——后者之特质为否认自我具有表达之价值——两者是如此的不同，若是预设这两种形式的物化有着完全相同的社会成因将毫无说服力。虽然我们能够假设，不论是主体际的物化还是自我物化，只有在例外的情况下，它们会是由主体直接意欲所致，一般而言，多是因为参与某些特定的实践活动而在不知不觉中形成了物化的态度。但这并不表示，在两种情况中助长物化倾向的社会实践——如卢卡奇所预设的——乃是相同的。那么，究竟是怎样的社会实践会引发自我物化之态度？要回答这个问题并不容易，但我想在结尾至少指出一个也许可为我们提供答案的方向。

如我先前所指出的，个体的自我关系也预设了先行的自我承认，因为自我关系会要求我们，将自身愿望与企图理解为自我之中需要被表达的一部分；根据我的想法，只有当我们（后来）渐渐遗忘了先行的自我肯认，即当我们将自身心理感受仅视为可观察的或待制造的对象物时，才会形成自我物化的倾向。因此，会造成自我物化态度的原因，很明显地存在于那些与主体之"自我展示"（Selbstpräsentation）——就其最广泛之意义而言——相关的社会实践中。虽然，所有的社会行动都必然包含主体对自身愿望与意向之关系，但我们却能够辨别出某些制度化了的社会实践领域，它们在功能上专门是为了展示自我而订造的，如：面试、特定的商业服务（如某些航空公司之空服员[*]）、安排组织的伴侣中介，这些都是直接显见的例子。各种要求主体展现自我的建制，可能各有不同的特质，其中有些或许仍容许主体进行实验式的自我探索，有些则会迫使参与者必须假装他们有着某种意向。根据我的推测，主体越深地陷在这类自我表现的建制中，便愈容易倾向自我物化——所有这类的机构制度，其潜在地强迫主体假装表现出某些特定的感受，甚或强迫主体全心服膺这些感受，都会促使主体倾向于发展出自我物化的态度。

若要举出今日某些制度化的社会实践为例，其确实显出此一发展趋势，那么职场面试或网络伴侣中介可以作为合适的例子。以前的职场面试，大多会依照书面文件和所要求具备的证照来检视面试者的特殊专长，但近年来，根据劳工社会学的研究，职场面试日趋倾向另一性质——面试如今越来越近似于一种销售式的对话，其要求应征者尽可能有说服力且使人印象深刻地描绘他们对未来工作参与之愿景，而不是说明自己至今获

---

[*] 德文原文无举例，与作者讨论后，增补英译本中关于空服员之例，霍耐特亦指出，该现象有相关社会学研究。——译者注

得之资格与技能。[1]当面谈的重心从过去转移到未来，就极
有可能迫使应征者采取一种视角，而开始学着将自己对工作的
想象跟感受理解为某一种"对象物"，一种他们在未来必能造
就的物事；当主体越常被要求自我展演，他就越容易觉得自身
的愿望跟企图是某种可任意操控之物。

　　而自我物化的另一种方向——主体仅仅被动地观察记录着
自身感受——则显现在今日借由网络寻找伴侣之现象。用户为
了通过网络上制式化的方式认识别人，必须将自己的特质登录
在预先设计好的、量表式字段中。一旦重叠之特质足够，用户
便会经电子化筛选而配对，并被指示应以迅速往返的电子讯息
互相让对方知晓自己的感受。我们不需要特别丰富的想象力，
就可以设想这种方式容易促成怎样的自我关系：使用者不再是
在亲自会面中表达出自身愿望跟意向，而必须根据某种快速处
理信息之标准来掌握并推销自身感受。[2]

　　当然，这些例子不应被当成预测性之断言。它们是为了
使我们能具体想象，哪些方向的社会实践可能会助长物化之态
度；同时，它们也绝非经验前提。我并不是要借此宣称物化过
程实际上一定会在此出现。这些具有臆测性质的讨论所要阐明
的并非实然之发展，而是可能之社会变化的逻辑。但或许从最

---

[1]　我在此感谢 Stephan Voswinkel 对这些社会发展之提示。Voswinkel 目前正于
　　　法兰克福社会研究所主持一项由德国研究协会（DFG）提供经费、关于求
　　　职面试之结构转变的研究计划。

[2]　可参见 Elizabeth Jagger, "Marketing the Self, buying an other: Dating in a
　　　post modern consumer society", in: *Sociology. Journal of the British Sociological
　　　Association*, 32/4（1998）, pp.795—814。

后这些不易界定性质的考虑中我们能够得出一结论，其关乎我全篇演讲之企图。在过去三十年中，社会批判将自身的范围根本上局限于以特定的正义原则来评量社会的规范性秩序。不论其如何成功地证成各种判准，亦不论其如何细密地区别论证时所涉及的各主要面向，此走向忽略了，一个社会即便在不违背各普遍有效之正义原则的情况下，仍可能是一个在规范性意义上有缺陷的社会。当今之社会批判不仅在理论上太少注意到此种缺误——"社会病态"（soziale Pathologien）或许仍是用以指称此缺误最适切的概念[1]——且甚至无法提出初步的评判依据。而即便指出下面这一事实，即民主社会主要是根据正义标准来检测自身之社会与政治秩序，仍无法支持社会批判此种自我设限，因为在民主社会公共领域之审议过程中，总是会不断出现论题与挑战，其使人必须思考，除了所有与正义相关之权衡外，某些特定的社会发展是否能被视为普遍值得追求。任何受哲学启迪之社会批判在回答这些通常被称为"伦理上的"问题时，当然都不可宣称自己有不可挑战之至高解释权；但社会批判能够借社会存有论之思考，由外指出可能的社会变化中所含有的逻辑，为公共领域中的讨论提供良好的论据，从而促进讨论。我之尝试以承认理论重述卢卡奇的物化概念，便是希望能对此种任务有所贡献。而书写之际，我也感到忧心，我们的社会有可能朝一个方向发展，一个卢卡奇在八十年前以过少的理论工具、过于概括之论述曾预见之方向。

---

[1] Axel Honneth, "Pathologien des Sozialen", in：*Das Andere Gerechtigkeit. Aufsätze zur praktischen Philosophie*, Frankfurt/M. 2000, pp.11—69.

图书在版编目(CIP)数据

物化：承认理论探析 / (德)阿克塞尔·霍耐特
(Axel Honneth)著 ；罗名珍译. -- 上海 ：上海人民出
版社，2024. --（霍耐特选集）. -- ISBN 978-7-208
-19048-1

Ⅰ. B089.1

中国国家版本馆 CIP 数据核字第 2024MP9306 号

责任编辑　毛衍沁
封面设计　胡　斌

霍耐特选集

物化

——承认理论探析

[德]阿克塞尔·霍耐特 著

罗名珍 译

出　　版　上海人民出版社
　　　　　（201101　上海市闵行区号景路 159 弄 C 座）
发　　行　上海人民出版社发行中心
印　　刷　上海商务联西印刷有限公司
开　　本　635×965　1/16
印　　张　10.25
插　　页　4
字　　数　100,000
版　　次　2024 年 9 月第 1 版
印　　次　2024 年 9 月第 1 次印刷
ISBN 978 - 7 - 208 - 19048 - 1/B · 1773
定　　价　58.00 元

马克斯·霍克海默

《启蒙辩证法：哲学断片》

《批判理论》

《文化批判》

《理性之蚀》

特奥多·W.阿多诺

◇ 阿多诺选集·哲学

《否定的辩证法》

《美学理论（修订译本）》

《最低限度的道德：对受损生活的反思》

《黑格尔三论》

《认识论元批判：胡塞尔与现象学的二律背反研究》

《本真性的行话：论德意志意识形态》

《批判模式》

《棱镜》

◇ 阿多诺选集·音乐

《论瓦格纳与马勒》

◇ 阿多诺选集·遗著

《道德哲学的问题》

《辩证法导论》

尤尔根·哈贝马斯

《交往行为理论（第一卷）：行为合理性与社会合理化》

《包容他者》

《后民族结构》

《欧盟的危机：关于欧洲宪法的思考》

《社会科学的逻辑》

《真理与论证》

《在自然主义与宗教之间》

Frankfurter Schule
法兰克福学派书系

阿克塞尔·霍耐特

《权力的批判：批判社会理论反思的几个阶段》

《为承认而斗争：论社会冲突的道德语法》

《承认：一部欧洲观念史》

《理性的病理学：批判理论的历史与当前》

《再分配还是承认？——一个政治哲学交辩》

《正义的他者》

《时代的活体解剖：20世纪思想史画像》

《承认还是歧义？——一场辩论》

《物化：承认理论探析》

南希·弗雷泽

《食人资本主义》

《正义的中断：对"后社会主义"状况的批判性反思》

《正义的尺度：全球化世界中政治空间的再认识》

《伤害＋侮辱：争论中的再分配、承认和代表权》

哈特穆特·罗萨

《新异化的诞生：社会加速批判理论大纲》

《不受掌控》

《晚期现代社会的危机：社会理论能做什么？》

莱纳·福斯特

《辩护的权利：建构主义正义论的诸要素》

《正义的语境：超越自由主义与社群主义的政治哲学》

《冲突中的宽容：一个争议性概念的历史、形态和当下境遇》